支倉常長
遣欧使節
もうひとつの遺産

太田尚樹

山川出版社

石巻市月浦

支倉一行が出帆した月浦（宮城県石巻市）

支倉使節団 ローマへ

復元されたサン・ファン・バウティスタ号
（宮城県慶長使節船ミュージアムに展示）

世界記憶遺産に登録された支倉常長像（国宝。仙台市博物館所蔵）

メキシコ

メキシコ・シティーの中心地ソカロ広場に建つカテドラル（メトロポリタン大聖堂）

コリア・デル・リオ（スペイン）

Somos japoneses!
（私たちは日本人！）

コリア・デル・リオの日本《ハポン》さんたち

コリアに広がる水田

コリアの礼拝堂・エルミータ

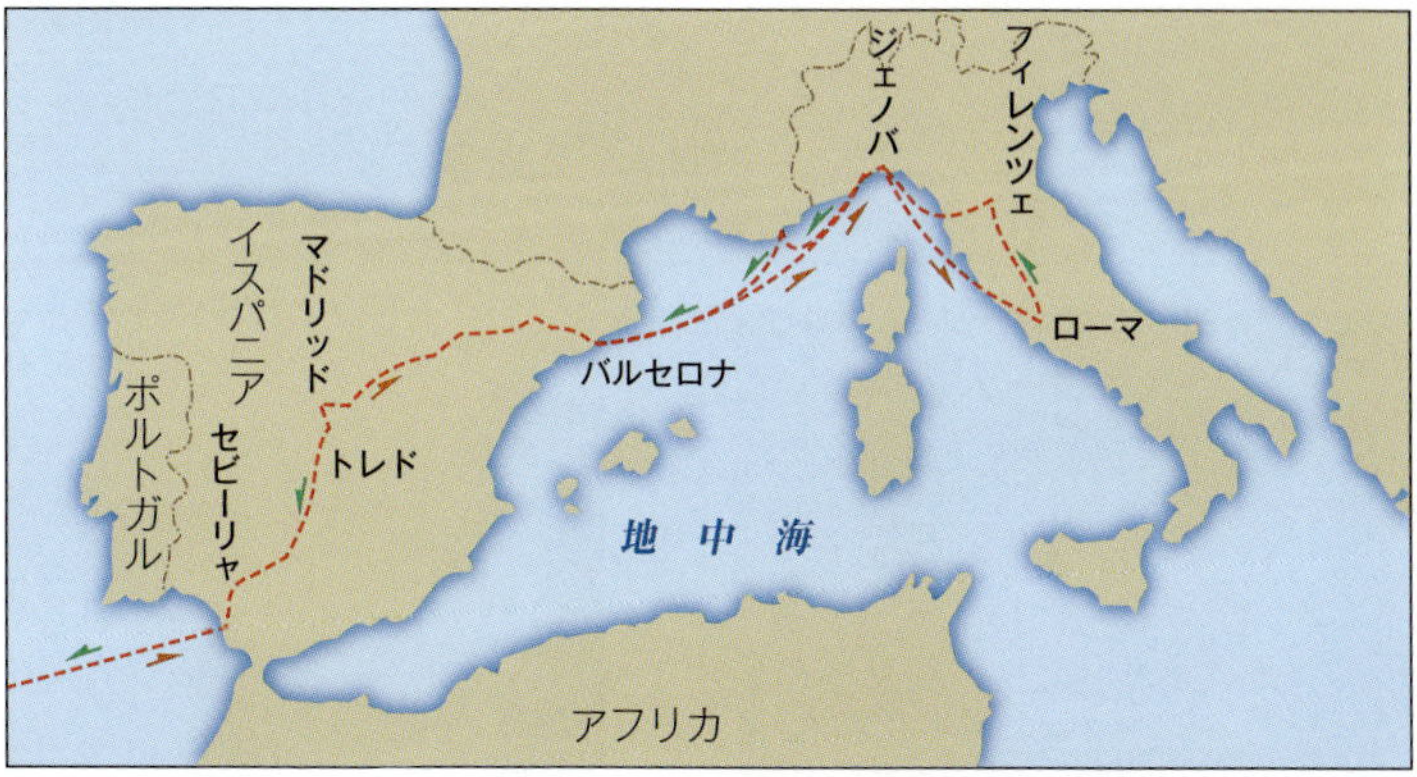

使節団ヨーロッパ行程図

支倉らが上陸した
グァダルキビル川

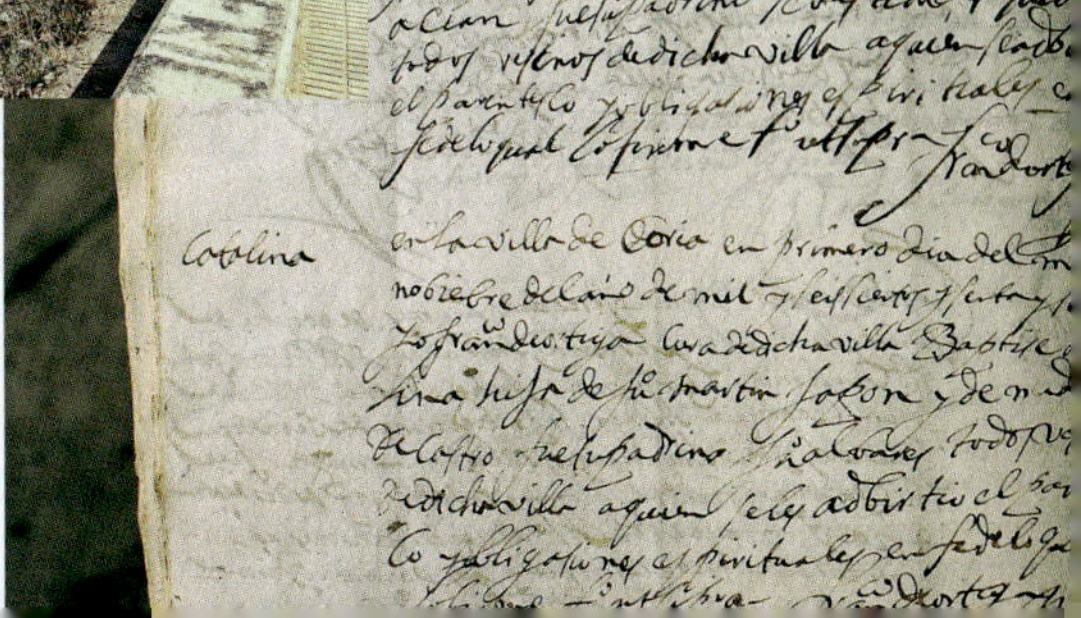

日本姓《ハポン》が刻まれた
教会の洗礼台帳

セビリア

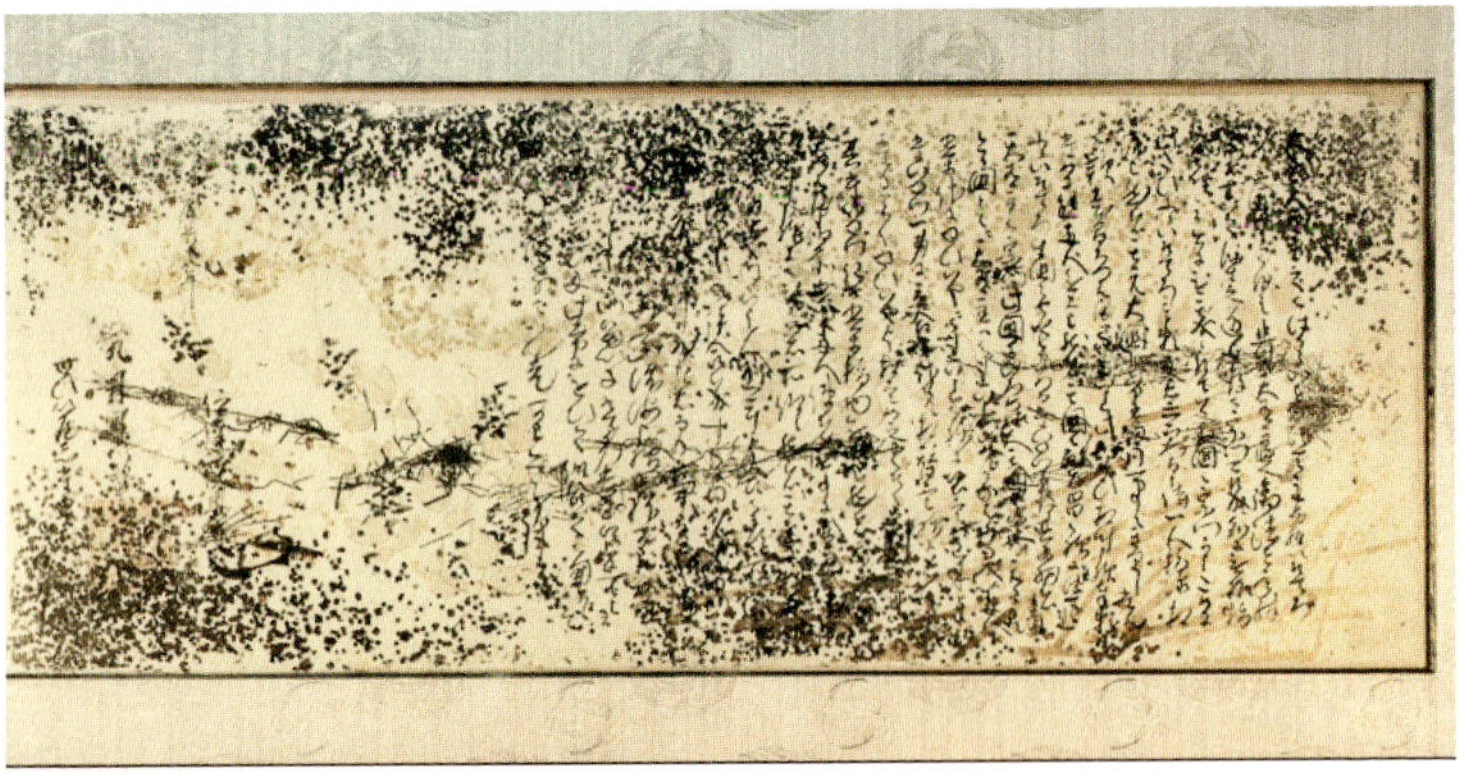

セビリア市宛伊達政宗の書状

セビリア市街を一望できるヒラルダの塔

支倉一行が滞在したアルカーサル宮殿
(世界遺産。左上は宮殿内「大使の間」)

アンダルシア

アンダルシアを彩るアマポーラ（ヒナゲシ）

ラマンチャ

使節団が馬で越えたラ・マンチャの大地

トレド

旧市街全体が世界遺産のトレド

支倉らが謁見したローマ法王パウロ５世（絵は世界記憶遺産に登録された「パウロ５世像」、国宝。仙台市博物館所蔵）

陣羽織姿の支倉常長像（模写·高田力蔵筆、仙台市博物館所蔵。原資料はイタリア個人蔵）

支倉一行がパウロ５世と非公式に謁見したクィリナーレ宮殿。現在は大統領府となっている

カトリック総本山、サン・ピエトロ大聖堂前のサン・ピエトロ広場

使節団が宿泊したサンタ・マリア・イン・アラチェーリ教会付属の修道院。階段は124段ある

帰国までの２年ほど使節が過ごしたロレトの修道院。
支倉が使用していた居住区が今も残る

支倉常長遣欧使節　もうひとつの遺産

太田尚樹

山川出版社

支倉常長遺欧使節　もうひとつの遺産　目次

プロローグ

「私の先祖は日本のサムライだったのです」

ヨーロッパの一隅で、金髪のうら若き女性から唐突に告げられたのは、今から二四年前のことだった。

突然、真面目な顔でそんな突拍子もない話をされ、思わず「エッ」という言葉が口に出てしまった。南部スペインのアンダルシア地方で〝花の町〟として知られる、セビリアの祭り会場での出来事である。

普通なら、土産話の一つとしてすぐに忘れ去っていただろう。ところが、この話ばかりはそうはいかなかった。〝事実は小説よりも奇なり〟を地でいくようなこの問題に、いつのまにか関《かか》わりをもつことになったからである。

事の次第は次のようにして始まった。それから数ヵ月がたった、同じ年一九八九年夏のことである。オリーブ畑や桑畑がつづくセビリア郊外のアルハラーフェ地区にある、オリバレスという村の居酒屋の主人から、

「日本人のあんたには必見だよ」

と言われて見せられた、その日のスペイン全国紙「ＡＢＣ」に載った記事だった。
「大航海時代の歴史がもたらした意外なミステリー、いまベールを脱ぐ」というタイトルで、「事実だったスペイン娘と日本のサムライのラブ・ロマンス」という刺激的な内容が綴られていた。

さらにこの記事につづいて、その日の夜のテレビ・ニュースが、「セビリア郊外の川岸の町に、日本人の子孫が八〇〇人ほど住んでいる事実が判明！」と、センセーショナルに告げていたことから、私は後に引けなくなってしまったのである。

しかも彼らは、四〇〇年前にこの地に上陸した支倉常長一行のサムライたちの子孫だという。ということは、伊達政宗がスペインとローマに遣わせた慶長遣欧使節団は、「ヨーロッパの最高権力者の前に初めて登場した日本の外交使節」という歴史に刻んだ足跡だけでなく、〝きわめて人間らしく生きた証〟まで残していったことになる。

このニュースを耳にしたとき、まったく別のあることを思い出した。一九六〇年代に入ってからのことだが、同じスペイン南部の大西洋に面したカディスという港町に、日本人を父親にもつ子供がかなりいるという話である。

それは当時、大手水産会社の大洋漁業（現マルハニチロ）の現地駐在員や乗組員から直接聞かされたものだった。

「大西洋でマグロを追っている日本の漁船が基地にしているこのカディスの町に、地元の女性との間に子供がいるケースが多いというのは本当ですよ」

駐在員は私の顔を見つめながら、事《こと》もなげにそう言った。

マグロ漁船は、西アフリカ沖の大西洋にいったん出漁すると、通常二ヵ月はカディスに戻らない。だがいったん基地に帰ると、次の出漁に備えて待機する時間がかなりあるのだそうだ。血気盛んな彼らのことだから、その間にエネルギーを発散させたということのようだが、

「オレの場合はちゃんと結婚してるよ。子供も二人いるし。でも既成事実の方が先行してしまったから、結婚したようなものでね。でも、いまだに彼女が女房とは思えないことがあるな。感覚的に隔たりがありすぎるっていうか……。仲間にも子持ちになった者がいるけどね……みんな同じこと言っているよ」

マグロ船の乗組員はそう言ったが、一時《ひととき》の相手を求めた結果、「できちゃった婚」となったらしいのだ。

しかし現実には多くの場合、相手は水商売の女性である。子供ができても日本人船員のほうは「自分の子ではない」というわけで、父無し子の存在が社会問題となり、日本の新聞で報道されたこともある。カトリックとして厳格な社会習慣が求められるスペインでは、法的婚姻が成立していない男女間にできた子供は、「バスタルド（bastardo）」（私生児）として差

別の対象になるからである。

だがまもなくして、マグロ漁の基地はスペイン本土のカディスから、アフリカ西岸沖のスペイン領カナリア諸島ラス・パルマスに移ってゆき、あの物憂げに眠る大らかな島の問題になっていった。さらに一〇数年もたつと、日本船は完全に撤退し、混血児の問題もいつしか忘れ去られてしまったらしい。


しかし私がスペイン娘から聞かされたのはそんな港町の現代版ではなく、「私の先祖は日本のサムライだった」という、なんとも歴史ロマン溢れる話である。

それから問題の川岸の町コリア・デル・リオに行ってみる気になったのだが、最初はこのミステリアスな話題に惹かれてわざわざ出かけたのではなかった。私が専門とする農業経済史の研究で、隣町のプエルタ・デル・リオを訪れたのである。

そのときの光景は驚きだった。青々とした水田が辺り一面に広がり、実をつけたばかりの青い稲穂が風の中にそよぎ、しかも田んぼは畦道で仕切られていて、細い小川が、次から次へと田んぼに水を注いでいるではないか。私はもう少しで「これは日本の田園風景だ！」と、叫んでしまいそうになった。そしてこの光景は、すぐ隣の集落コリア・デル・リオまでつづいていたのである。そもそもこの二つの町は、セビリア市中を流れるグァダルキビル川を一二キロ下った川岸に位置していた。

事の発端は四〇〇年前に遡る。伊達政宗から遣わされた支倉常長を大使とする日本人二六名の使節は、太平洋と大西洋の荒波を乗り越えてスペインにやって来た。その上陸地点が無敵艦隊や商船隊の玄関口だった、川岸の町コリア・デル・リオである。

しかも一行は、スペインの首都マドリッドをへてローマに上り、帰途、日本への船出もこの町からだった。だが、日本がちょうど平成の世に入った頃、この地に残留した日本人の子孫と考えられる人々の存在が、現地メディアなどによって明らかになっていく。

それが、ハポン（日本）という姓をもつ人々のことである。その数については、私が九三年七月二十一日にコリア・デル・リオの町役場で新しくコンピューターに打ち込まれた住民登録から確認したところでは、六〇二人が日本を意味する「ハポン」姓を名乗っていた。隣町のプエルタ・デル・リオにも二三〇人のハポンさんがいた。ちなみにこの数値は、二〇一二年のデータでは若干増大している。一三年は、支倉使節団が日本を船出してから四〇〇年を迎えることになる。

途中で何年間かの空白はあったものの、私のコリア通いとハポンたちとの交流は今もつづいている。その間、女性は結婚してこの地を離れた者もいるが、驚くことに男性の場合は、ほとんどがコリアに集中したまま、この地を離れようとしないのだ。その理由はおいおい触れていくことになる。

「われわれは日本のサムライの子孫」という彼らとの付き合いの始まりは一九八九年七月

だったから、もう四半世紀になろうか。その間、若者だったハポン君たちは、アンダルシア州政府の役人、医者、大学の先生、商店主、農夫などになっていた。私とは直接の付き合いはなかったものの、ヘスース・サンチェス・ハポンのような有名なサッカー選手や、サッカーの国際試合で主審を務めたホセ・ハポン・セビリア、ミス・スペインに輝いたマリア・ホセ・スワレス・ハポンなど、ハポンたちの活躍の場はひろがってきている。

二〇一二年の秋、久しぶりに再会してみると、私と同年配だったハポン氏たちも、みんな年金暮らしの老境に入っていた。なかには最も親しくしていたビルヒニオ・カルバハル・ハポンのように、すでに鬼籍に入った者も少なくない。

ビルヒニオとは二四年前に知り合って以来、いったい何人の人を紹介され、彼らの歴史物語を聞かせられてきたことか。この秋も彼の墓所と資料館に残された遺影の前で、私はあの人懐こそうなどんぐり眼を思い出しながら、立ち尽くしてしまった。

そこで彼らとの間に流れた二〇数年を振り返りながら、スペインの川岸の町に遺された、不思議な歴史物語をひもとくことにする。それにはまず、何ゆえ日本の侍たちが日本を出奔していったのか、という話から語りはじめなければならない。

第1章

支倉使節団とは何か

伊達政宗の南蛮交易構想

歴史上の出来事は、往々にして偶然起きるもののようである。この歴史物語の発端も、じつはほんの小さな偶然から生まれた。

今を去ること四〇〇年より少し前の慶長十六年五月十四日（当時）、現在の暦になおせば一六一一年六月二十四日。仙台藩主伊達政宗が二〇〇〇の供を率いて、江戸表から仙台に帰る途上のことであった。場所は伊達家の江戸屋敷があった芝から東北に下る街道筋にあたる、浅草の辺りであったらしい。

セバスチャン・ビスカイノというイスパニア（スペイン）の太平洋艦隊司令官の一行が、近くの聖フランシスコ会の教会に向かう途中、政宗の一行と出会ったのである。前年、ルソンのマニラを出航してノビスパニア（メキシコ）に向かっていたイスパニア船が嵐に遭って房総半島の岩和田付近に漂着した際、地元民が乗組員を助け、幕府の黒船で彼らをアカプルコまで送り届けたことがあった。表向きはその答礼のためということになっていたから、日本でのビスカイノの身分は「大使」である。

このとき政宗はビスカイノがもっている銃に目をとめると、にわかに好奇心が湧いた。参詣に向かうビスカイノが銃をもっていたのも妙な話ではあるが、恐らく不測の事態に備えたのであろう。
それはともかく、二人の出会いの模様は、スペイン側の史料（「金銀島探検報告」）ではこうなっている。

「彼（政宗）は馬を下り、人を以て長銃を発射せんことを大使に請はしめたり。大使は之に応じ、直ちに二回の発射を行なはしめたれば、皆驚きて耳を蓋ひ、路上の馬は騎馬の人を落として奔逸し、荷馬は地上に転倒せり。政宗は之を見て大に喜び、自ら大使の許に来り、礼を厚うして謝せり」

当時、すでに銃はかなり行きわたっていたが、政宗はその威力に驚いたのだろう、ビスカイノに礼を厚くしたとある。ヨーロッパには驚くほど進んだ文明がある……。このことが政宗に南蛮世界へ熱い眼差しを向けさせるきっかけになったであろうことは、想像に難くない。

江戸での出会いからおよそ半年後、ビスカイノは仙台の政宗の元を訪れた。引見した政宗にビスカイノは「ぜひとも三陸沿岸の測量と、金銀島探検の許可を与えられたい」と願い出た。表向きは答礼のはずだったが、〝ジパングの黄金伝説〟に惹かれてやってきたことは明らかである。

政宗は領内の測量と探索を快く許可した。そのうえでビスカイノ側の描写によれば、

「秘書官をして、大使は其国に来れる最初のイスパニアの使なれば、殊に是れを見ることを喜び、また其国内に多くの良港を発見し、フィリピン諸島及び新イスパニア（後のメキシコの意）の総督と通信するに至らんことは、その甚だ希望する所なる旨を伝えしめたり」

つまり、政宗がルソンやノビスパニアとの交易に関心があることを、重臣の口からビスカイノに伝えさせているのである。

さらにビスカイノは、政宗から仙台にしばらく留まるように勧められ、踊りを見物するなど至れり尽くせりの接待を受けることになった。家康から冷たくされていたビスカイノは好奇心旺盛な政宗に関心をもち、かたや政宗にとっても、南蛮が急に身近な世界となったのである。

政宗とビスカイノの会談を通訳した人物が、イスパニアから聖フランシスコ会の宣教師として来日し、同会の江戸修道院長兼関東遣外管区長だったフライ・ルイス・ソテロ神父だった。この彼こそ、慶長使節実現への原動力となった中心的人物なのである。

布教活動のお墨付きを日本の為政者から得るだけにとどまらず、世界のキリスト教王国に君臨するローマ法王からも自身の活動を認められたいという、このソテロという人物の野望

を抜きに慶長使節の派遣は実現しえなかったかもしれない。聖職者というより、駆け引きに長けた政治家の素養を身に着けていたから、たちまち政宗と意気投合してしまった。以後、この〝やりて〟の神父は、政宗の野望を演出するのに、なくてはならない存在になっていくのである。

慶長三陸大地震に襲われた仙台藩

このときの政宗の胸の内を忖度《そんたく》すれば、次のようなものではなかったか。

〈我が領地内に良港を築き、独自の交易をやる。それも、ヨーロッパのキリスト教最強国家イスパニアが相手だ。幸い、領内の三陸沿岸には石巻、塩竈、気仙沼はじめ、港を築くには好条件を備えている所が数多い。

しかも三陸沖から黒潮の帯は東に流れてイスパニアの植民地ノビスパニアへ通じている。さらに大西洋側からは、イスパニアが拓いた海路でヨーロッパに繋がっている。これからは世界が相手だ。海外貿易は幕府の専売特許ではない〉

伊達の領地・領海は、南蛮への玄関口だったのである。

だがそれは、政宗にとって第一歩に過ぎなかったかもしれない。単なる交易に留まらず、イスパニアと仙台藩が同盟を結べば強大なイスパニア艦隊を味方につけることができ、幕府に潰されない独立国家の建設まで視野に入れていたのではないか……。そんな説もこれまでに何度も浮上してきた。

確かにイスパニアと同盟関係が成立し、領内の港にイスパニア艦隊の出入りが盛んになれば、幕府も簡単には奥州に手を出せなくなる。豊臣秀吉に徳川家康、そして秀忠の時代、彼らから事あるごとに謀反の疑いをかけられるほど恐れられた政宗という人物を知れば知るほど、単なる交易以上のことを彼が頭に描いていたとしても不思議ではないような気がする。

いずれにせよこうなると、権力者の行動は素早い。政宗は領内で大船を建造し、太平洋を渡すという行動にでた。部下を使者に立て、自ら世界最強国家の中枢と、カトリックの大本山に君臨するローマ法王の元に乗り込んでいく準備に取りかかったのである。

一方、日本に黄金などないことがわかり、気落ちしていたビスカイノに、不慮の出来事が追い打ちをかけた。彼の船が大破して帰れなくなってしまったのである。

だが帰りたくても帰れないビスカイノに、政宗から思いがけない申し出があった。今、仙台藩では大型外洋帆船を建造中で、近々ノビスパニアに人を送る予定であるから、この船で帰国してはどうかという話が持ち込まれたのである。まさに渡りに船であったが、政宗にしても彼を必要としていた。

船を遠くノビスパニアに渡すには、ビスカイノや部下の航海士たちの操船技術が必要だし、建造中の船も、艤装の段階で彼らの豊富な知識が役立つはずであった。事はすでに動きだしていた。伊達の領内から切りだされた大木が運び込まれ、船は急ピッチで建造されていたのである。

ここで、重要なことを一つ補足しておかなければならない。政宗とビスカイノの出会いからおよそ半年後の慶長十六年十月二十八日（一六一一年十二月二日）、仙台藩を大きな地震と津波が襲った。慶長三陸地震とよばれるものである。

政宗の領内で測量、探索をしていたビスカイノらもこの震災に遭ったことを記録に留めているところをみると、被害の規模が大きかったことを物語っている。通説によると地震の規模はマグニチュード八程度で、伊達領内でも沿岸部を中心に震災よりも津波の被害のほうがずっと大きかったとされている。それは、先般の東日本大震災にきわめて似ている。さらにこの四〇〇年前の出来事は、地震周期のうえでも注目に値しよう。

政宗は慶長三陸地震からの復興対策として、南蛮世界との交易へ目を向けたのではないかという仮説が東日本大震災の後、研究者のなかから出てきている。社会を揺るがすような大きな出来事があったときこそ、リーダーには発想の転換が迫られる。政宗がなぜこのような巨大プロジェクトに乗り出したのか、私にはイスパニアとの「国交樹立」説も魅力的だが、この「復興対策」説も十分に政宗の動機を説明できる有力な仮説だと思っている。

罪人の子・支倉六衛門常長

　政宗には、心を許せる人間にしか語れない、胸のうちがある。だがそれをすべて、異国の神父に託すわけにはいかない。政宗にとって、ソテロ神父はあくまでも通訳と道案内役にすぎないのだ。

　そこで、藩士のなかから有能な人物を選び出し、政宗の意図を先方に正確に伝えさせ、色よい返事を引き出してもち帰ることのできる大使の人選を急ぐことになった。

　必要なのは目立たないが力量のある侍である。イスパニアとその背後にあるローマ法王庁との交渉内容が発覚しても、幕府には知られずにすませるほどの名で、一切の泥をかぶれる腹の据わった男。これが大使の必須条件だった。

　政宗の代理でヨーロッパの実力者と外交交渉するのであるから、本来なら重臣クラスを送り込まなければならない。だが石母田景頼や茂庭石見綱元は、高齢で長旅に耐えられそうになく、もう少し若い片倉小十郎景綱、伊達安房茂実たちでは、交渉が失敗したとき、政宗は言い逃れできなくなる。重臣の倅たちの場合は若すぎて力量不足で、相手からも軽く見られてしまう。

　そこで政宗は思い切って、発想を転換することにした。身分・家柄を離れ、自分の意図を忠実に遂行できる人物として、はじめて支倉六右衛門という侍のことが頭に閃いた。

禄高は六〇〇石だが、歳も四二で申し分ない。しかも、幕府からは名も知られていない、目立たない男である。ではその力量はどうなのか。

政宗は過ぎし日の天正十九年（一五九一）六月、大崎葛西一揆の鎮圧のため先陣として、宮崎城下に来ていた真山継重の陣に、弱冠二〇歳の若侍支倉常長を使者に立てたことがあった。この葛西攻めでは、情報収集と分析に当たっただけでなく、武勇も轟かせたことを政宗はよく覚えていた。

さらに彼が政宗の目にとまる機会は、翌年四月にもやってきた。豊臣秀吉の朝鮮出兵に呼応して、政宗とともに日本海を渡り、釜山に上陸したあとの活躍である。

この文禄の役は、日本の軍勢が初めて海を渡った進攻作戦だったが、支倉の敵地での勇戦ぶりは、政宗にはことのほか、頼もしく映った。

日本海とはいえ、海を渡った実績もある。敵地での戦ぶり、探索能力と統率力、武士道に撤した人間性なども、ものをいう人選だったことになる。

だが、政宗が支倉常長を大使に選ぶ以前に、思いがけない出来事があった。近年発見された政宗から重臣の茂庭石見宛ての書状には、意外な事実が記されている。

「支倉飛騨（常長の実父）には去年以来閉門を言い渡しておいたが、いよいよもって不届きをしたので、切腹を申し付けた。六右衛門とは親子ではあるが命は助け、（俸禄を召しあげて）追放せよ」

という厳しい内容である。

切腹させられた父親の「不届き」とは何を指すのか不明だが、この不名誉な事件が、政宗が支倉を大使に任命するのに、重要な意味をもったことは事実だろう。

では、支倉が「罪人の子」という事実は、「支倉大使」にどう繋がるのかとなると、政宗から茂庭石見に宛てたこの書状は、大勢の藩士を抱える藩主として、厳然たる態度を示しておく建前。ホンネは〈六右衛門常長よ、科を着せず、俸禄も復活させるから、以後、藩のため今まで以上に奉公せよ〉である。

一旦処罰し、あるいはその後処罰の対象から外して恩を売り、奮起させて誠心誠意働かせるという部下の操縦法は、武家社会にはよくあることだった。ルール違反をしたり、場合によっては敵であっても、ただ抹殺してしまうのではなく、こちらの力に替えさせてしまう知恵と度量である。このとき、政宗は支倉常長を復活させる機会を模索していたはずで、これが大使任命に追い風となった。

それはともかく、支倉使節は幕府がキリスト教を禁止している難しい情勢下で、外交交渉に行かなければならない。交渉相手のイスパニア国王側も、ローマ法王庁も、当然日本の厳しいキリスト教事情を指摘するに違いない。

それでもなお、使節を送り出す政宗。自ら大船を仕立て、大がかりな使節を送り込むのであるから、政宗の南蛮に掛ける野望は半端なものではなかった。その使節の大使に支倉を任命したのも、高く買っていたからこそ、大役を負わせたことになる。

政宗と家康の駆け引き

だが政宗が関係を結ぼうとしている相手は、強国イスパニアであるから、幕府は心穏やかでいられるはずがない。そこで家康は、当初は使節の先達ソテロ神父を抱き込むことを考えたようである。

以前、ノビスパニアがもつ銀の精錬法が欲しい家康は、イスパニアの宰相レルマ公爵宛てて送った書簡の中に、「ソテロを交渉に行かせる」と書いているほど、この神父とは近い関係にあったのである。

しかし、幕府はキリスト教を禁止した以上、ソテロを使うことはできなくなった。それに、ソテロは政宗側になってしまった人間である。結局、残された方法は、幕府の隠密をヨーロッパへ送ることしかなかった。しかし道不案内なイスパニアとローマへ別途、諜報任務を負った人間を送り込む手立てはない。そこで唯一残された方法は、仙台藩の使節の中へ密かに潜り込ませる以外にない。

一方、仙台藩側も、幕府から使節の中に密かに送り込まれてくる人間がいる可能性は、当然予測していた。そこで、支倉がもっていく政宗からセビリア市、イスパニア国王、ローマ法王宛ての書状は、すべて政宗自身が「慶長十八年九月四日、伊達陸奥守政宗」と書いてから花押を入れ、押印だけして白紙のままヨーロッパへもっていくことになった。

現在、ヴァチカン宮殿内の資料館に保存されている和文とラテン語文の二通の親書のうち、とくにラテン語文のほうは、政宗の警戒心を如実に物語っている。

双方とも金粉をちりばめた分厚い和紙を使い、サイズはいずれも三六センチ×九五センチで同じだが、和文では紙を横長に使い、ラテン語文では横文字で書く関係から縦長に使っている。

そしてラテン語文の親書では、政宗は自ら「伊達陸奥守」、「慶長十八年」、「九月四日　政宗」の文字を三行に分けて縦書きで書き入れているが、ラテン語文はその三行を跨ぐようにして書かれている。このことは政宗の署名が先にありきで、ラテン語文は後から書き入れたことが明白である。現地に着いてから、誰かに書かせたのは、道中で密使に書状を見られてしまう事態に備えていたのではなかったか。

さらに現地で、国王や法王に謁見したり、そのほかの要人と大事な用件で会うときには、いつも支倉と通訳のソテロ神父のほかには誰にも立ち会わせず、仙台藩士も遠ざけられていた。本当の交渉内容は伏せられたまま、この二人しか知らないのである。政宗の真意が、尋常なものではなかったことを物語っている。

だが政宗がイスパニアとの国交樹立を目論んだとしてもそれが必ずしも成功するとは考えていなかったのではないか。イスパニア国王の権力と、ローマ法王の権威の前に、一大名からの申し出が通じるかどうか、いかに政宗とて自信があったわけではないのである。

それでも、海外との交易に第一歩を踏み出すことに意味がある。つまり将来への布石である。こうして政宗は、南蛮への夢を日に日に大きく膨らませていった。


結局、政宗が建造した船に乗っていく日本人は、三つの集団からなっていた。外交使節は支倉常長を筆頭に仙台藩の侍たち、ノビスパニアまで行く交易商人、そしてヨーロッパで日本の〝キリスト教の定着ぶり〟をアピールするために、ソテロが連れていくキリシタンの信者たちである。

だが、途方もなく遠い異国に遣わされる使節の大使に任命された支倉の、心の中を支配していたものは何か。「一介の侍にすぎない自分」、「父の贖罪」、「主君政宗が自分を高く買ってくれているという、心の高鳴り」、「冷徹な政宗から与えられた厳命」、「周囲の人間の白い眼差し」「立ちはだかるヨーロッパ最高指導者たちの権力と権威」。

これほどネガテブな要因を背負っての船出である。それでも、これほど大きな檜舞台に立つ機会など、望んでも叶えられるものではない。こんな機会が与えられたのは、神仏の加護があったに違いない。

だがこうなった以上、人事を尽くして天命を待つ以外にない。もし異国での交渉が成立しなかった場合には、腹を切ってお詫びするまでと、悲壮な覚悟で出ていったことは、後々の彼の行動が物語っている。まさに男の本懐、これに勝るのはなかったのである。

支倉常長の肖像画

大使・支倉六右衛門常長はこうして誕生したが、いったいどんな風貌の侍なのか。推定する手がかりは、仙台市博物館の慶長遣欧使節関係の資料展示室にある、支倉常長の肖像画である。

麻の布地に描いた縦八〇センチ、横六五センチの油絵で、元和六年八月二十六日（一六二〇年九月二十二日）、七年ぶりで帰国した支倉が、ヨーロッパから持ち帰ったもので、現在国宝になっている。近年、スペインと日本が世界記憶遺産への登録を共同提案した歴史資料のメインも、この肖像画である。

では日本で国宝になった理由は何か。まずスペイン滞在中、現地の画家が日本のサムライを描いた事実が、そもそも稀有である。さらにヨーロッパに登場した初の外交使節の大使として高い評価を得た侍、その後の鎖国による外国との隔絶と自身に降りかかった悲劇、現地に残って子孫を残したと考えられる部下たちの存在など、数々の数奇なドラマを背負っていることにあるだろう。

肖像画の芸術的価値というより、壮大な政宗の雄図もそうだが、歴史的意義が評価されたと思われる。

その支倉の肖像画はロザリオをかけた手を合わせ、十字架上のイエス・キリストに向かって、真剣な表情で祈っている半身像である。首が太く、髷を結い刀を差している姿はまさに屈強な侍そのものであり、大軍を指揮しても似合う風貌である。

それでも黒い法衣の襟から覗いた白い刺繍、左手の大きな指輪が日本人には珍しく、見る側には奇異な感じが否めない。

髪がやや後退しているために、広い額と頬の側に迫り出したもみあげに威圧感があり、当時四〇歳半ばだったにしては、少し老けている。

上唇にかかる短めの髭、顎を引き、キリストを見つめる姿からは、静かな緊迫感が伝わってくる。思い詰めた表情から、この人物の律儀で、質実な人柄が見て取れる。

仙台市博物館には、もう一点支倉常長像がある。支倉がローマに滞在中、法王庁の絵師クロード・ドゥルエが描いた全身像で、ボルゲーゼ宮殿内に保存されているのを、日本人の画家が正確に模写したもので、原寸大より小さい。

　こちらの画は陣羽織に袴姿の立像だが、支倉という地味な侍には衣装が奇抜で、どう見ても似合っていない。スペインのマドリッドに滞在中の支倉一行に合流し、ローマまで同行して入府式にも参列したイタリア人歴史学者シピオーネ・アマティは、ローマの目抜き通りでパレードを身近に見た模様を次のように綴っている。

「一行は騎馬隊に警護されながら、祝砲の轟くなかを進んでいった。ハセクラは見事なる絹の白地に、巧みに金銀の糸で鳥獣百花の形を織りなしたものを身に着けていた」

　描かれているのは鹿とクジャクの羽根、植物はススキである。

　ローマに上れば、このような場面があることを予測していた政宗が、自身が身に着けていた豪華この上ない衣装を、ヨーロッパへの出発に先立って、支倉に渡していたのであろう。イスパニア、ローマでの式典には、これを着てのぞめと。

　だが支倉の肖像画では国宝の半身像よりも、晴れやかな衣装のせいか、こちらの全身像のほうが若く、表情にもゆとりがある。話しかければそのまま笑顔が返ってきそうな、人柄の良さもにじみ出ている。

　だがそんな支倉常長の風貌は、奥州六二万石の藩主伊達政宗から遣わされた大使、世界最強のキリスト教王国スペインのフェリペ三世国王、カトリックの大本山に君臨するローマ法王と、外交交渉を成立させようとする使節の大使としては、どう映るのか。

外見で見るかぎり、贔屓目にみても役者不足で、ただの生真面目な田舎侍という印象をうけてしまうのである。

では、直接支倉常長と接したヨーロッパの高位の人間たちの目には、どんなサムライに映ったのか。今もヴェネチア国立文書館に残されているローマ駐在のヴェネチア大使、シモン・コンタリーニから、ヴェネチア総督宛てに送られた報告書には、「大使は背丈は並みより少し低く、小太りで色が浅黒く、顔は角張っていて顎と頬の髭を剃り上げ、髪は頭上に結び、年齢四六歳なり。羅紗地国風（注・スペインで仕立てた羊毛製の和洋折衷の意）の衣服を身に着けり」とある。

「小太りで角張った顔」は、当然支倉のことであり、「背丈は並みより低い」というのも、一行のなかでの比較であろう。ほかの随員も含めた使節の風貌についての記述は数多くあるが、どれもパッとしないものばかりである。

「大使と随員はみな身長低く、顔は黒くて、同じような顔つきをしている」、「日本人の身長はみな低く、皮膚はオリーブ色をしているが、これは旅行中熱帯地方を通ってきたためであろう。眼は短くて小さく、鼻は中央が低く末端が広い」などという記述もある。

だが支倉の人格、内面の印象となると、見栄えしない外見の評価とはガラッと違っている。

「通訳を介して大使と長い話をしたが、どっしりして風格のある人物」「法王や枢機卿から厚遇をうけたのは、大使の言動が人の徳を立てたるがゆえなり」などとべた誉めで、彼に接した人間たちがこぞって好感をもつことになった。はったりのない、実直な人柄が通じたのである。

新渡戸稲造が在米中に『武士道』を英語で書いたのは一九〇〇年のことだったが、今から四〇〇年前に、「武士道精神」をヨーロッパの舞台で知らしめたのは、このサムライ大使であった。伊達政宗の人を見抜く眼は、確かなものであったというほかはない。


いよいよ船出のときが来た。ビスカイノを筆頭に、イスパニア人船乗りたちも含めると、総勢一八〇人を超える人たちが乗り込んだ、完成したばかりのサン・ファン・バウティスタ号は、静かに帆を揚げた。船名は日本語で「洗礼者聖ヨハネ」、その後の人々の数奇な運命を暗示させる名である。

近世の幕が開いたヨーロッパ世界に一歩を踏み出す壮大なドラマは、こうして始まったのである。


それから長い長い年月が流れた。あのとき、政宗の南蛮貿易とさらなる野望は、もろくも崩れ去った。イスパニア国王フェリペ三世には、時代の頂点に立った偉大な父フェリペ二世や、父の曾祖母イサベル女王のような野心と度胸がなかったこともあるが、厳しい日本のキリスト教事情が壁になった。歓待してくれたローマ法王も、俗界の事象には味方してくれなかった。

さらに鎖国とキリシタン弾圧の粛清の嵐が、支倉一族にも降りかかる。支倉が持ち帰った先の肖像画も、世間の目をはばかるように四つ折りにされ、切支丹所で永い眠りについていたのである。その間に、支倉一行の遺していった生き生きとした姿も荒い息遣いも、いつしか忘れ去られてしまっていた。

だが明治の世が明けて明治六年（一八七三）。岩倉具視を団長とする欧米使節団が、ヴェネチアの古文書館で支倉六右衛門の署名入りの書状を見せられたのにつづいて、その三年後には支倉の肖像画が、仙台で開催された博覧会に、伊達家の歴史史料の一つとして世に出てきたのである。

ここまでかなりの駆け足で慶長使節団が出発するまでの経緯をたどってみた。

その彼らの末裔だと自認するスペインのハポン氏たちの話に入る前に、支倉一行にとっては現在の月や火星のように遠かったであろうイスパニア、そしてローマにどのような足跡を残したのか、微かな残り香を求めながら彼らのたどった旅路から語ることにする。

第2章

使節団の足跡を訪ねて

―月浦（石巻市）からローマまで―

宮城県石巻市・月浦

支倉常長一行がローマまで上った足跡を辿る私の旅は、宮城県の月浦《つきのうら》からはじまった。漁港として知られる石巻から乗ったタクシーはしばらく海沿いに走ると、女川《おながわ》から山間に入り、ときには峠に出てまた下り、また上って月浦の高台に出た。

ここからは、一望のもとに湾内が見下ろせる。遠く太平洋を眺めるようにして立つ支倉常長像は、奇しくも東北大震災の直後に亡くなった宮城県出身の彫刻家、佐藤忠良の手によるものだ。

入り江を見下ろしながら運転手が、

「この湾の東側は侍浜とも呼びます」

と言ったが、私はこの名称がたいそう気に入った。

すぐ前方の小鯛島の陰が、サン・ファン・バウティスタ号が船出していった入り江である。この島は、現在では小出島と呼ばれている。

バウティスタ号がここからひっそりと出帆したのは、慶長十八年九月十五日（一六一三年十月二十八日）のことである。支倉使節の密かな任務を暗示させるかのように、見送りの人影もない船出であったという。

旧暦の十五日であるから、折りからの青い満月が一行をいつまでも見送っていたに違いない。黒いシルエットになって浮かび上がる小鯛島と牡鹿半島の山並みを、甲板に立って食い入るように見つめている彼らの胸の中を去来したものは、何であったろうか。そしてスペインから戻らなかった人間たちにとって、これは祖国の見納めになった。その後の数奇な運命を予測していた者はいただろうか。

翌日は皆既月食であった。地球が太陽と月の間に入って一直線に並ぶために、月が地球の影に入って丸い縁だけが光る現象である。闇夜にかかる赤い月の輪に、彼らは不吉な前途を予感していたのかもしれない。船は牡鹿半島を左舷側に見ながら金華山沖を進み、太平洋に出るとまもなく黒潮に乗る。

大波に揉まれる北太平洋

さてこの先、支倉一行の足跡を訪ねる私の旅は一九六五年秋に遡る。私が乗った東京水産大学（現東京海洋大学）練習船海鷹丸の遠洋航海の終着地は、サン・ファン・バウティスタ号と同じメキシコのアカプルコであった。日付こそ忘れてしまったが十月下旬のことだったから、彼らとほぼ同じ季節の船出であった。

われわれが乗り組んだ一四五三トンの海鷹丸は東京港を出た当初、徐々に北に上ってから南下する大圏航法をとっていたから、南に下がるにつれて海は穏やかになった。それでも晩秋の北太平洋は低気圧の墓場といわれるだけあって、出航後しばらくは大波に揉まれた。したがって五〇〇トンのサン・ファン・バウティスタ号の場合は帆は唸り、ロープは軋み、山のような大波が甲板を洗い流していたと思われる。四〇〇年前のことであるから、潮と風を読みながら、自然の法則に従う航海である。時には自然に翻弄されたままになる。

太平洋を渡る航海者を慰めるものは、いつまでもついてくるミズナギドリやアホウドリ、カツオドリ、時たま船に近づいてくるクジラやイルカである。

私たちも早朝になると、どんな鳥が飛んでいるか観察していたものだった。それは当時の小沢敬次郎船長から、記録をとるよう指導されていたからである。「鳥船長」の異名をもつ小沢船長はこう言っていた。

「早朝どの方角からどんな鳥が飛来し、夕方にはどの方角に帰っていくか、しっかり観察するように。

昔、イスパニアの船乗りたちは、遭難して漂流しているときには、朝なら鳥が来る方向へ、夕方であれば、彼らが帰っていく方向に向かうようにと教えられてきた。鳥が通う方角にある島が、もっとも現在地から近いからである」

後に遊牧民の調査のためアフリカのサハラ砂漠を訪れたことがあったが、そこでは鳥の行動は参考にならなかった。そもそも鳥を見かけなかったからである。だが動物の足跡や糞の内容物、星の観察から、オアシスをめざす彼らの行動学を学ぶいい機会になった。小沢船長の「観察することは、情報を得ることである」という言葉は、今でも参考にすることがある。

夜になると私たちは晴天の空に輝く大星群に見惚れ、シリウスの青い光やアルデバランの赤い光を見つめていた。だがイスパニアの航海者たちは、星で方角を確かめただけでなく、光の輝き方や滲み方で天候の予測すらしていたのだ。彼らは経験則から星が輝いていれば晴天が続き、にじんで見えるときは天候が崩れることを知っていた。光が一条に進むときは大気中に水蒸気が少なく、逆に水蒸気が多ければ光が乱反射するため、星がにじんで見えるのである。

支倉常長やその随員たちはどんな心持ちで海鳥や星座を眺めたのだろうかと、私は今でも考えることがある。航海は人を詩人にしたり、神話の世界に誘い込むこともあるが、彼らはこの海の先に何が待ち受けようとも後には引けないという、強い決意を新たにしていたにちがいない。

月浦を出て二ヵ月が過ぎ、その年も押し詰まった洋暦の十二月二十六日。一行はアメリカ大陸を遠くに見た。サンフランシスコの北方で、北緯四〇度のメンドシノ岬沖辺りである。私たちの海鷹丸のほうは、南下してホノルルに寄港してからアメリカのサン・ディエゴ、メキシコのマサトラン、そしてアカプルコに入港しているので、サン・ファン・バウティスタ号のとったコースよりも南寄りであった。

現在でも航海者は、飛行距離の短いウミネコやユリカモメが飛来している光景を見て、陸地が近いことを知る。四〇〇年前の日本人も同じようにして大陸が近いことを知ったはずだが、航海者にとって、陸地をこの目で見たときの喜びは何ものにもたとえようがない。

その後バウティスタ号も海鷹丸も、南下するカリフォルニア海流に乗って、北緯一七度まで下がっていくことになる。カリフォルニア半島をかわすと、メキシコの赤い禿げ山が左舷側につづき、凪いだ海には現地の人がカワマと呼ぶ大きな海亀がぷかぷか浮き、ペリカンが表層の小魚をすくいあげていく光景がおもしろかった。

メキシコ・アカプルコ

太平洋を乗り切ったサン・ファン・バウティスタ号は一六一四年一月二十五日、無事ノビスパニア（メキシコ）のアカプルコに到着した。月浦を出てから、三ヵ月がたっていた。

シピオーネ・アマティの記述によると、停泊中の船からは祝砲が轟き、土地の人々も鐘や太鼓を打ち鳴らして歓迎したというが、これはソテロ神父から聞いた話を、アマティがそのまま書いたものである。

彼らが着いた一月末のアカプルコは、常夏である。私が乗った海鷹丸はクリスマス直前に着き、白い砂浜は海水浴客で賑わっていた。入り江の周囲に林立する高級リゾートホテル、モーターボートや水上スキーヤーがミズスマシのように描く白い航跡の模様に、楽園の地に来たことをあらためて思い知った。

整列した学生たちが甲板で見惚れていると、小竹勇二等航海士が、

「ここには支倉常長が来ているんだ」

と、呟くように言った。

当時の私には意外に思われただけだった。だが後から考えてみれば、こうして慶長遣欧使節に関わるようになったきっかけを与えてくれたのが小竹二等航海士の呟きだったのかもしれない。

その三年後の一九六八年という年は、ベトナム反戦運動から全米各地の大学で長期にわたるストライキがつづいていた。その前年からアメリカの大学にいた私はすることがなくなってしまい、独りサンフランシスコを発った。アリゾナのサボテンの林の中に車を乗り入れて夜を明かしたりしながらひたすら南を目指し、メキシコ市に半年間滞在したことがある。

その間にアカプルコを再訪した折りに意外な事実を知った。日系人の話によると、この地

のインディオのなかに、「タナカ」「コンドウ」という苗字があるというのである。また道端でインディオのおばさんが売っている野菜にゴボウを見かけ、これは何というものか尋ねてみると、「ゴボウ」と応えたのには驚いた。

月浦を出帆したサン・ファン・バウティスタ号には、スペイン人の船乗り四〇人と一四〇人の日本人が乗り組んでいた。その日本人の多くは交易商人で、大半がアカプルコ止まりだった。それからすぐに鎖国が始まり、彼らが日本に帰った形跡はない。

なかには、インディオの部落に消えていった者もいたに違いない。私には、思い当たる節があった。車でテキサスの国境の町エル・パソを越えてメキシコに入り、チワワの町を過ぎてまもなくのことだった。水をもらいに立ち寄ったインディオの集落で、妙なことを経験したのである。

三〇がらみのおかみさんから、「私の娘をもらってくれないか」と、頼まれたのである。見ると傍らに、一五歳ぐらいの裸足の娘がいて、私を見てはにかんでいる。

家は……と見れば、寝ながらお月見ができるような小屋であった。そのうちに父親も出てきて、盛んに私に説得を試みはじめた。

娘はいよいよ恥ずかしそうに、ニッとトウモロコシのような歯を出している。

私はほうほうのていで彼らの集落を後にしたのだが、その気になれば私の苗字をこの集落に残すことになったかもしれないのだ。アカプルコに着いた四〇〇年前の日本人たちにも、それぞれの人生が待っていたということだろう。

当時のアカプルコは、一五五〇年に新大陸を制覇したイスパニアがアジアに進出するために築いた、太平洋側の拠点である。貿易風に乗ってフィリピン方面へ向かう船の出入港として栄えていた。

常夏のアカプルコに上陸した支倉一行は、今はヨット・ハーバーになっているその先の旧市街ソカロの辺りを往き来していたと思われる。

サケが母川の匂いを生涯忘れないように、長い船旅の後にたどり着いた港町の匂いは忘れがたい。初めての異国の地で体験した、熟したマンゴーと土が混じり合ったあのアカプルコの匂いを、彼らは生涯忘れることはなかっただろう。

日本人たちは色の浅黒い好奇心旺盛な人々に取り囲まれ、戸惑ったようである。言葉や習慣の違いもあり、カルチャーショックをうけたことは想像にかたくない。

地元民は行く先々についてくるし、なかには武士の魂の刀の鞘まで掴んでいく者もいる。喧噪と混乱のなかで遂に一人の随員が刀を抜き、刃傷沙汰が起きた。船荷を降ろす際、現地人が掠奪しようとしたために起きたトラブルだったらしい。

刃傷沙汰を起こした侍は誰かとなると、最も可能性が高いのは仙台藩士ではない瀧野嘉兵衛である。幕府側の船荷もあったから、彼にはそれを護らなければならない任務があったと考えられるからである。

事件のせいで仙台藩の主だった者しか帯刀できなくなった。だがまもなく、支倉は随員全員に帯刀させざるを得なくなる。

メキシコの荒野を行く日本からの一行がイスパニア国王やローマ法王に献上する〝金銀財宝〟を運んでいるという噂がしきりに流れ、襲撃されるのではないかという空気を街道筋で察知したのだと思われる。

以後、イスパニア滞在中もローマに上る道中も、腕の立つ瀧野嘉兵衛が支倉の護衛隊長を務めているところをみると、このアカプルコの事件がきっかけとなってまもなく、瀧野は隊長に抜擢されたと考えられる。彼は腕が立つだけでなく、以後彼が刀を抜く場面があっても、支倉大使にしてみれば、「彼は仙台藩とは無関係の人間」として、言い逃れできることになる。


日本人二六人とソテロらスペイン人宣教師四人、そしてイタリア人神父からなる支倉使節と、一部の交易商人は一路、総督府のあるメヒコ（メキシコ市）をめざした。

アカプルコからメヒコまでの四〇〇キロの行程は車なら九時間そこそこだが、馬では一〇日間もかかる。しかも山坂をいくつも越える高低差のある道のりで、めざすメヒコは海抜二二〇〇メートルの高地だ。

私も支倉たちが行ったこの行程を車で走ってみたが、見知らぬ集落をいくつも過ぎ、荒野を越えて山道に入ると、道はつづら折れになる。竜舌蘭やウチワサボテンだけが一面に広がる荒野を、支倉たちは馬の背に揺られ、ときには徒歩で越えて行ったのだ。

登りがつづく坂道の途中の集落に差しかかったとき、私は飛び出してきた子豚を避けきれずに、撥ねてしまった。子豚はもんどりうって谷底に転がって行ったが、私にはどうすることもできなかった。子豚と飼主に向かって「ゴメンナサイ」と呟き、その場を離れるほかはなかった。

アカプルコとメヒコの中間点よりややメヒコ寄りに、銀で栄えた町タスコがある。支倉一行はこの地の長者の館に一泊している。支倉たち仙台藩の主だった者も下僕たちもまだ受洗していなかったが、スペインの植民地に根付いたキリスト教の施設を見学しただけで、先を急いだ。

さらに一行はクエルナバカに立ち寄っている。この町のカテドラルには、長崎で秀吉によって処刑された二十六聖人を描いた壁画がある。いつ誰がこの壁画を描いたかは不明だが、遠い日本におけるキリスト教布教の実態がそれほどまであからさまに伝わっていたことを物語っている。

総督府メヒコ

クエルナバカを出発して峠に差しかかると、前方に荒涼とした松林が開け、海抜五四五二メートルのポポカテペトルが右手に遠望できる。「裸の女が横臥した姿」と現地の人たちが言うこの山は、夏でも頂の雪が消えることはない。めざすメヒコは、この山の西北に広がる大盆地である。

一行がメヒコに到着したのは、一六一四年三月末のことであった。常夏のアカプルコと違って、高地の三月末は、朝晩まだ肌寒い。

現在のメキシコ市の人口は市域で九〇〇万人、都市圏では二〇〇〇万人であるが、地方から大都市への人口流入が激しいので、実際にはその二倍ほどだといわれている。

私が滞在した一九六八年はメキシコシティ・オリンピックが開催された年だった。気候も治安も良くて住みやすい町だったが、今では四〇〇万台が行き交う車の排気ガスで目と喉がすぐに痛くなり、名峰ポポカテペトルも霞んで見えなくなってしまっている。

メキシコ市はアステカ時代からイスパニアの植民地時代をへて今日に至るまで、華やいだ大都市であったことには変わりない。支倉たちがここに滞在した当時、一辺が二〇〇メートルの正方形の中心地ソカロ広場では北側のカテドラルはまだ建築中だったものの、そのほかはほぼ現在の外観と同じ建築物が整っていた。

植民地時代の主都メヒコの繁栄ぶりは、羽織袴に身をつつんだ日本人たちの目にはどう映ったのか。デウスの聖なる教えが人々の魂を救うだけでなく、国家の安寧と繁栄に寄与している現実の姿に、いよいよイスパニア帝国の巨大な国力を思わずにはいられなかったであろう。

ソカロ広場の東側を占め、現在は大統領府となっている建物は植民地時代のノビスパニア総督府であった。ここで支倉はソテロを通訳に同伴して総督（副王）グァダルカサル公に面会し、仙台藩への宣教師の派遣や通商を求める政宗からの親書を手渡している。

これとは別に、政宗がノビスパニア総長直属管区長（コミサリオ・ヘネラル）に宛てた書状がある。そこには次のように記されている。

「フライ・ルイス・ソテロを使僧に相頼《あいたのみ》、侍三人相添候而《あいそえそうらいて》、此内《このうち》一人は、奥まで通り申し候間《あいだ》、御状を被添可被下候《そえられるべくくだされそうろう》……」

文中の「このうち一人」とは、支倉のことを指していると考えられる。ソテロを使いとして三人の侍を遣わせたが、このなかの一人を「奥」まで行かせるので、紹介状をもたせてほしいと頼んでいるのである。

「奥」とはイスパニア、そしてローマのことだ。つまり政宗は三人の使者のうち、支倉一人をソテロとともにヨーロッパに行かせようと考えていたようである。というのも、メヒコからヨーロッパまでの渡航費用を使節は持っていなかった。一人ぐらいならソテロが立ち回ることで何とかなると踏んだのであろう。

案の定というべきか、ノビスパニアでの通商交渉はすんなりとはいかなかった。ノビスパニア総督といえども、本国イスパニアの出先機関の責任者にすぎない。本国の国王からすべての権限を与えられているわけではないので、通商の申し出に返答することはできなかったのである。そのために日本の随員たちも、ノビスパニアではらちがあかず、イスパニア、ローマで交渉するほかはなくなった。

このようなイスパニアの権力構造を百も承知のソテロは、これによって一人でも大勢の日本人をイスパニア、ローマに連れていく口実ができた。大勢の日本人を連れていけば、国王とローマ法王に対しても、日本での自分の布教活動の実績を認めさせることになるからである。メヒコで使節の随員のうちおよそ八〇人が受洗しているが、それにはソテロの思惑も大いに関係している。

書状ではソテロと支倉の二人だけをヨーロッパに遣わせるとしていたものの、メヒコでの交渉の成り行き次第で日本人を大勢送り込むつもりでいた政宗の腹積もりがここで見えてくる。そのためにあらかじめ、仙台藩から一二人の侍を支倉につけていたのであろう。

実際のところ、メヒコでの使節への応対は極めて儀礼的なものであった。ソテロ神父の悪評や日本におけるキリスト教への迫害の実情を聞き及んでいたノビスパニア総督は本国のイスパニア国王に対し、使節の求める通商に否定的な書簡を送っている。しかし、むげに使節を追い返せば日本に近づいていたイギリスやオランダに塩を贈る結果につながりかねないという当時の国際状況や、ソテロの政治的な駆け引きが相まって最終的に総督府が使節の渡航に便宜を図ることになる。

こうして支倉常長を筆頭に、仙台藩の侍、彼らの下僕、さらに仙台藩とは関係のないキリシタンら日本人の総勢二六人と、ソテロら外国人五人の計三一人のメンバーが、この年の五月八日、メヒコを発って大西洋を渡りイスパニアへ旅立つことになった。

メヒコでは一ヵ月半の間、ソカロ広場から一ブロック西側にある、四二階建てのラテンアメリカ・タワーの一本手前の路地を入った辺りにあった聖フランシスコ修道院が彼らの宿舎であった。彼らは修道士たちと同じものを食していたらしいが、外に出れば肉と唐辛子をトウモロコシの粉で作ったトルティーヤで包んで食べたり、名物酒テキーラをあおったのかもしれない。

使節団、大西洋を見る

出発の朝。支倉一行はソカロ広場に居並ぶ総督府官吏たちの見送りを受け、馬上の騎士に先導されながら、大西洋側の港町ベラクルスをめざしてメヒコを後にした。一行がとったコースはプエブラを経由する旧街道である。

ポポカテペトルの白い峰が視界から消えると、現地の人がマゲイと呼ぶ竜舌蘭やウチワサボテンの荒地がつづく。マゲイは鋭い刺があるが、根元に行くほど肉厚になり、搾った汁は、発酵させるとテキーラになる。搾った後の繊維で土地の人は丈夫な袋を編み、トウモロコシなどの穀物を保存するのに使っている。サボテンの柔らかい葉を、インディオたちは蛮刀で切り落とすと刺を削ぎ落とし、ロバの餌にしたり、煮て自分たちの食糧にする。近年までは石鹸の材料にもなっていたと、現地の人が言っていた。

この街道筋は今でも集落に近づくとトウモロコシ畑が開けてくるが、収穫を終えた秋には、焼畑の白い煙があちこちから上がっている。だが一行が通った五月には、青々とした葉が風にそよいでいたはずである。

東に一二〇キロのプエブラは、古来メヒコとベラクルスを結ぶ交通の要所として栄えた町だった。彼らは町に入る手前で、市長ドン・トリスタン・デ・アレサノの使いの者たちの出迎えを受けた。

宿舎は聖フランシスコ派の修道院か教会の施設と考えられるが、いっぺんに三一人を収容するのは難しい。町の有力者の館を含め、いくつかに分散して泊まったようである。アマティの記録には、彼らはアカプルコでも闘牛を見ていたが、この町でも闘牛見物をしたと書かれている。当時の闘牛は、牛を殺すことはしなかった。それでも牛と人間がリングのなかで繰り広げる妙技は、日本人にはすこぶる珍しかったに違いない。


彼らがプエブラを発つと、この町の聖フランシスコ派管区長から行く先々の僧院長宛てに、一行を丁重にもてなすよう指示があったので、至る所で歓迎を受けた。彼らがベラクルスに着いた正確な日付は不明だが、この港町の突端にあるサン・ファン・デ・ウルアから、イスパニアの軍艦に便乗して大西洋を渡ることになった。

私はＪＩＣＡ（国際協力機構）の招きで日本に一年間いたことがある旧知のセルバンド・オルティス氏の案内で、旧市街を抜けてサン・ファン・デ・ウルアを見に行った。一行が船出した場所は岬の突端、堅固な石の壁と大砲がずらりと並んで沖を睥睨《へいげい》する要塞であった。

「ベラクルスはキューバから渡ってきた、イスパニアの征服者エルナン・コルテスが築いた町なんだ。とくにこの要塞は、新大陸征服の根拠地を護る要だから、このように仰々しい造りになっている。オランダやフランス、イギリスの海賊対策にね。金銀を積んだ船は軍艦に警護されてここから出て行ったのさ。後にはアフリカの黒人奴隷も、まずここにやってきてアメリカ各地に送り込まれていったんだよ」

オルティス氏はそう言ってから、監獄のような建物を囲んでいる海水の池へ私を連れていった。

「見てくれ。ここに収容された黒人たちが逃亡できないように、張り巡らされた池には多くのサメが放たれていた。逃亡するには、水に飛び込む以外にないからね」

要塞のほうに目を転じると、重量感のある大砲の列の向こうに、カリブ海の青い海がどこまでも広がっている。私は言葉もないまま、目の前の光景に支倉たちのイメージを重ねることに必死だった。

一六一四年六月十日、支倉一行はアントニオ・オケンド艦隊司令官が率いる軍艦に乗って、イスパニアに向けてここを出て行った。

ハバナをへてイスパニアへ

新大陸とヨーロッパを結ぶ大西洋を渡る、初めての日本人となった彼らを乗せた船はカリブ海を北東に進み、七月二十三日、キューバのハバナに到着して島の太守や司教から歓迎をうけた。

月浦からローマまで、慶長使節の足跡を訪ねる私の旅はキューバだけが欠落したままになっていた。いずれ行かなくてはと願っていたが、メキシコに留学中だった私の娘が、代わりに行ってくれた。彼女からの報告と、キューバの日本大使館員だった人の話、文献などからすると、ハバナ港や周辺地の要塞は想像以上に堅固にできていたらしい。

当時は、各地のイスパニア植民地で荷を積んだ商船隊がハバナに集合し、護衛の軍艦に護られながら本国をめざした。

支倉使節の場合も、ほかの艦隊を待って合流した後、八月七日ハバナを出航し、イスパニアをめざした。だがこのときは、三度も大時化《しけ》に見舞われる苦しい航海だった。航海に慣れていない日本人たちに、船酔いほど苦しいものはなかっただろう。船が沈没することも、けっして珍しいことではなかった。このことが後に、随員のなかに帰国をためらう者がでる原因の一つにもなったようである。

九月も末になると、船はいよいよイスパニアに近づいてきた。南部のセビリアを流れ下るグァダルキビル川河口のサン・ルーカル・デ・バラメダに入港する五日前の九月三十日、(慶長十九年八月二十六日)、船内で支倉は宰相レルマ公爵宛てに書をしたためた。〈我が主人、奥州王伊達政宗から私とソテロはイスパニア国王陛下とローマ法皇様にお目どおりするよう命を受けてきたので、お取り次ぎくださされたい〉という趣旨の書状である。

この書状は現在、首都マドリッドの北二〇〇キロにあるシマンカス国立文書館に保存されている。縦三四センチ、横四八・五センチの厚手の和紙が横中央で二つ折りにして書かれているので、前段を読み終えると、つづきは天地を逆さにして読むことになる。コウゾの和紙にしては随分固い紙である。

本来支倉の字は流れるような字体で、達筆である。だがこちらの書状では字体に固さが目立つ。しばらく筆を持たなかったせいか、それともいよいよ相手国の最重要人物へ取り次いでもらう重要な書状であったからか。

また文面の各所にわたって、墨の濃淡にバラツキが見える。筆を走らせる際に船が動揺していたことを窺わせる。まるで書状の文面から支倉の表情が浮かんでくるようだ。

書状の末尾はこう結ばれている。

「御前へ罷《まか》り出申し候様、仰せ付けられ候て、下され候、頼み奉り候、恐惶《きょうこう》謹言、

支倉六右衛門

長経（花押）

（青印）

慶長十九年

八月二十六日

堂け・て・れるま様

人々御中」

ちなみに宛て名にある「堂け・て・れるま様」とはドゥケ・デ・レルマ（Duque･de･Lerma)、レルマ公爵のことである。

日本の長い歴史のなかで、実力者からの親書を携えて国王や法王の前に罷りでる使節が送られたのは初めてのことだった。しかも二つの大海を乗り越え、地球の裏からやってきた日本の侍たち。

資料館の係員は、私に白い手袋と書状を手渡しながら言った。

「この書状は日本の天皇陛下のほかには、ごくわずかの研究者しか手に取って見ていませんから、そのつもりで、心して見てください」

ずいぶんと権威ぶった大仰な言い方にしては、係員は無造作に書状と手袋を渡すと、忙しそうにどこかへ行ってしまった。お陰でたっぷり数時間、何度も見直すことができた。きっと支倉は祈るような気持ちでこの書を認めたのだろう……。私にはそう思われた。

一行が大西洋を乗り切り、グァダルキビル川河口の町、サン・ルーカル・デ・バラメダに着いたのは、この年の九月三十日であった。出迎えたのは、なだらかな葡萄畑がつづく異国の珍しい光景である。

支倉も従ってきた侍たちも、「殿のために滅私奉公するまで」と、静かな闘志をかきたてていたのであろう。月浦を出帆してから一年がたとうとする、一六一四年十月五日のことであった。

大航海時代に栄えた港町サン・ルーカル・デ・バラメダ

セビリアでレンタカーを借りた私は、途中コリア・デル・リオに立ち寄ってから、グァダルキビル川沿いの小路をサン・ルーカル・デ・バラメダめざして下って行った。コリアまで遡るときも、日本に帰るときも、随員の多くが見た景観を少しでも共有したかったのである。

左岸に沿った小路の対岸は、広大な野鳥の自然保護区になっていて道はない。湿地帯と松林が多いこの保護区は、ヨーロッパとアフリカを往き来する渡り鳥の休憩地で、越冬のために多くがこの地に飛来する。

行き着いた河口は対岸まで一キロほどあるが、潮が引いていたせいか中洲ができていた。対岸の岸辺を見つめていると、白馬の群れが一列になって川上のほうに疾駆しているのが目に入った。幻想的で、ひどく美しい光景であった。

この辺りはアラブ馬の産地で、選び抜かれた馬だけが歩様や姿勢、動作など、厳しく調教されて各国に輸出される。英国のエリザベス女王の愛馬をはじめ、ヨーロッパの伝統儀式に欠かせない白馬は、みなこの地の産なのだという。

サン・ルーカル・デ・バラメダの町は左岸側の突端の高台にあった。記録によると、支倉一行が大西洋を渡り切って河口のこの町に到着したのを知ると、この地方の領主メディナ・シドニア公爵が馬車を仕立てて一行を迎え、手厚くもてなしたとある。

一時の絶頂期からみれば衰退の影が忍びよってはいたものの、いまだ大航海時代の華やかさが残るこの時代、大型帆船の出入港として賑わうこの港町で、一行はしばし船旅の疲れを癒したのである。

船内で不自由な生活を強いられた一行であるから、熱い風呂や子豚の丸焼き、燃えるような太陽の下で熟れた葡萄から作られた、糖度の高い地元のワインに生き返った心地にひたったと思われる。

ここは、後にシェリー酒の産地となるヘレスまでわずか二〇キロの距離である。この辺り一帯は遠いローマ属州時代からワインの産地として知られていた。今でも町中に入ると、シェリー酒の一種マンサニーヤのボデガ（酒蔵）がずらりと並び、通りにもシェリーの香りと、樽にしみついたカビの匂いにつつまれる。

使節団を迎えたスペイン無敵艦隊の提督

白亜の宮殿に昔の面影を残すメディィナ公爵家は、もともとアンダルシア西部一帯を所領にしてきた有力貴族であった。同家はコロンブス、マゼランともかかわりがあったといわれている。

ここで支倉らは、歴史の奇遇と遭遇する。彼らを歓待してくれた同家の当主メディィナ・シドニア公爵は二六年前の一五八八年、世界に誇るイスパニア無敵艦隊を率いてイギリス・オランダ連合軍と戦い、惨敗を喫した悲劇の提督だったのである。運命の悪戯とはいえ、ヨーロッパ上陸第一歩にして、世界史を変えた主人公とあいまみえることになったのである。

支倉たちが滞在した当時の公爵家の館は後に焼け落ち、現在の白亜の宮殿は同じ場所に再建されたものである。それでも豪華な邸内と庭園の素晴らしさが、代々のメディィナ家が誇った権勢を物語っている。

このメディィナ・シドニア公爵が枢密院書記官に宛てた十月九日付けの書状には次のように書かれている。

「日本からの一行ははるばる海を渡り、国王陛下のもとに向かう使節であるゆえ、我が国の人々以上に彼らを遇すのは、陛下の臣下である私の義務であると心得、今なお当地で使節を歓待しつつあり」

さらに「大使は三〇人の随員を日本から伴って当地に着いた」とあり、ソテロからセビリア市に宛てた別の書状にも「奥州王の船に乗り、多数の護衛兵と従者とともにやってきたが、船はノビスパニアに残し、費用を節約するため今はただ三〇人のみを同伴してきた」と記されている。

しばしの休養の後、一行は公爵が用意してくれた二隻の船に分乗し、グァダルキビル川を遡っていった。秋たけなわのこの時期になると、両岸の枯れた葦が風にそよぎ、桑畑やたわわに実った葡萄畑がどこまでもつづく。

一方私は、車窓にグァダルキビル川のゆったりとした流れを見ながら、もと来た道をコリア・デル・リオに向かって車を走らせた。途中まで彼らに伴走し、しばらくしてからは、先導しているかのような気分に浸っていた。

支倉たちはセビリアの手前一二キロの、コリア・デル・リオで下船した。ここに降り立ったときは、ほとんどが羽織袴の正装に帯刀という姿であるから、出迎える地元の人たちを驚かせたはずである。

ソテロの兄ドン・ディエゴ・カブレラ、セビリアからはカラトラバ騎士団の面々、貴族や市の参事会員ら高貴な人たちが、日本から来た侍たちを盛大に出迎えた。

記録によれば、このとき支倉はソテロの通訳で、一人ひとりに「わざわざのお出迎え、かたじけのうござります」と、丁重に礼を述べたそうである。

それから随員たちもみな出迎えの人々と握手を交わすと、馬車で今の町役場の辺りにあった税関に向かい、そこでひとまず旅装を解いた。彼らにとっては人生の大きな曲がり角になるこの町であるが、この時はまだどんな運命が先に待ち受けているのか、誰一人として知る由もなかったのである。

一週間後の十月二十一日は、一行がセビリア市に入る日だった。アマティが書き記した記録によると、当日も市から騎士や、行列に参列する貴族たちが早々とコリアに到着し、迎えの馬車もやってきた。

彼らは長い行列になってコリアを発っていった。セビリアまであと六キロの地点まで来ると、てっぺんに風見鶏のついたヒラルダの塔も見えてきた。平地がつづくこの町に入るには、どの方角から見ても目印になる塔である。

侍たちがさらに目を凝らすと、町の人々が出迎えのためにこちらにやってくる光景が目に入った。近づくにつれて人の数は増し、警備兵が制止しようにも、収拾がつかなくなるほどの熱狂ぶりであったという。

イスパニア人は物珍しがり屋だが、頭に髷を結い、羽織袴に帯刀した東洋からの使者は、とくに興味をひいたらしい。

市の入り口になるトゥリアナ橋のたもとには、市長サルバティエラ伯爵はじめ、貴族や市参事会員たちが出迎えていた。ここで馬車を降りた支倉大使は、セビリア市がつけてくれた護衛の指揮官と並んで颯爽と馬にのり移ると、市長と警護隊長がその左右について群衆の間を進んでいった。セビリア市が用意した心憎い演出である。

このときの支倉は「華麗なる和服を羽織っていた」とあり、ローマ入府式にも着た、白絹の陣羽織を身に着けていたことがわかる。澄みきった南欧の空の下を粛々と駒を進める日本の侍は華ある使者として、花の町セビリアに登場したのである。

花の街・セビリア

ある日の午後、セビリア大学に留学している教え子の村松壮平君と、グァダルキビル川に架かるサンテルモ橋に近い、「黄金の塔」の下で待ち合わせた。この町に遺された日本人の足跡を歩いてみたいと言っていたので、私が案内がてら同行することになったのである。

先に来ていた村松君は、

「セビリアに来て二年目ですが、日本の侍たちのことは彼らがここに一ヵ月ほど滞在したことぐらいしか知らないものでして……」

と、苦笑いした。

側面が十二角形の黄金の塔から川下に向かって二本目の橋を指差しながら、私は村松君に語りかけた。

「コリアを発った支倉常長たち二六人の日本人は、あのイサベル二世橋のもう一つ先に見えるトゥリアナ橋を渡ってセビリアに入ったことが、シピオーネ・アマティがローマで書いた『伊達政宗遣使録』に書かれていますよ」

「ずいぶん賑やかな出迎えをうけたそうですね」

「馬上の支倉たちが橋をこちら側に渡ったとたん、警備兵たちを振り切って、群衆がドッと取り囲んだと記録にあるからね」

「例のあの白い絹の陣羽織を羽織ってですか。格好よかっただろうなあ。ローマでのパレードの、予行演習みたいですね」

村松君はそう言って目を細めた。

それから私たちは、薄暗いカテドラルの中に入っていった。目が慣れないうちは、暗くてはっきりしないが、だんだん人影が見えてくるようになった。アラゴンの四天王の銅像が担ぐクリストファー・コロンブスの棺を横目に見ながら、私たちは王室礼拝堂の前にやってきた。

「支倉たちは、毎朝、この前で祈っていたようです。その頃から彼らは神を強く意識するようになったのでしょう」

「ここには何回か来ていますけど日本の侍たちも佇んだとなると、見方も変わりますね」

カテドラルには、跪いて東側のステンドグラスから漏れ入る光を見つめている老婆たちがいた。朝、東から昇った太陽を神と仰いで、尊い生命の甦りを感謝しているらしい。彼女たちは、前日の夕方にも来て、西側のステンドグラスを見つめながら、陽が死の世界に落ちていく姿を見送ったに違いない。

「日本の侍たちのなかには、すでにメキシコで受洗していた者もいたようだし、日本を出るときからすでにキリシタンになっていた者もいたから、彼らもあのお婆さんたちと同じ心持ちで、ステンドグラスを見つめたんでしょう」

私が小声でそう語りかけると、村松君はうなずく仕草をした。日本の侍たちも、光の中に神の姿を追い求めていたに違いないのだ。

主祭壇を見た私たちはいったん外に出て、大聖堂の鐘楼であるヒラルダの塔の螺旋階段を登りはじめた。アマティが書いた記録には、支倉以下日本のサムライたちも、みなでここを登ったとある。七〇メートルある展望台まで登ると、さすがに息が切れる。若い村松君も、

「日本の彼らも登ったのだと思って、がんばりました」

と、息をはずませている。

「それにしても絶景ですね」

「いや、まったく……」

白壁にくすんだ丸いスペイン瓦、椰子の木々が織りなす眼下の町並みが美しい。アラベスク模様のような景観のなかに垣間見えるイスラム教とキリスト教の文化が重なり合う姿は、日本人の彼らにはどのような光景に映ったことだろう。

「これも元はイスラムの建造物だったのに、キリスト教徒が征服の証しとして上部に鐘楼を立ててしまったんですよね」

目の前の大きな鐘を前に、村松君がそう呟いた。

侍たちが滞在したアルカーサル宮殿

ヒラルダを下った私たちは、カテドラルの斜め前方にあるアルカーサル宮殿に入った。ここには一六一四年十月二十一日から三〇日間、支倉たちが滞在した記録がある。この宮殿は、イスラム教徒が八世紀に築いた城跡に、一四世紀半ば、カスティーリャ王ペドロ一世が、グラナダ王国のモハメド五世から職人を借り受けて造らせた建物である。

「一四世紀半ばといえば、レコンキスタ（国土回復戦争）のころですよね。戦争の真っ最中にキリスト教徒側の国王が、相手のイスラム王の協力でアラベスクな宮殿を造ってしまうなんて妙な感じですね」

村松君が首をかしげた。

「八〇〇年近くつづいた戦争といっても、休戦状態のときもあったし、双方の間に交易もあったり、良好な関係の時期もあったわけだから。それにキリスト教徒側には、イスラム側にコンプレックスをもっていた側面もありますからね。アルハンブラ宮殿には、のちにイサベル女王夫妻が住んだように、憧れもあったんだろうね」

私そうは応えた。

それはともかく、このアルカーサル宮殿は、もう一つのアルハンブラ宮殿といわれるだけあって、魔法の世界に迷い込んだのではないかと錯覚を起こしそうになる。以前、満月の夏の深夜に宮殿に入ったとき、幻想の闇の淵に立たされて思わず身震いしてしまったことがある。

このアルカーサル宮殿はレコンキスタ終了後、イサベル女王と夫のフェルナンド王によって改修されているが、孫の神聖ローマ帝国皇帝になるカルロス五世はここで自分の結婚式を挙げたほどだから、よほどお気に召していたようだ。

支倉たちはそれから一〇〇年後に、この宮殿に入ったことになる。青い月光が差し込むなか、乙女のパティオ（中庭）の柱の影に立った彼らは、この世のものとも思われない妖艶なアラビアン・ナイトの世界に、同じように身震いしたのではないだろうか。

村松君と私は、黄金の丸天上が見下ろす「大使の間」にやってきた。

「記録によると一ヵ月間、この宮殿で支倉常長たちは国王専用の部屋を使用していたとあるから、この『大使の間』にも、しばしば佇んでいたんだろうね」

私が話しかけても、彼は戸惑いが隠せないのか、無言のままである。

私たちは乙女のパティオを抜けて、アラビア式庭園に入ると、そこには泉の水音が走り、ジャスミンの花やバラの花が咲き乱れていた。

この地上の楽園の一週で、彼らは越えてきた二つの大海や陸路の旅を思い起こしていたはずだ。眠れぬ夜には、乙女のパティオに佇んで、それぞれ郷里の家族のことを考えていたのだろう。支倉は主君政宗の顔を懐かしく思い出し、あるいは、これから謁見するフェリペ三世国王、ローマ法王パウロ五世の威光あふれる姿を思い描いていたのか……。

「それにしても、この宮殿を使用できたこと自体、凄いことですね。どうしてそこまで、日本の使節を厚くもてなしたのですか」

「フェリペ三世国王だけでなく、ローマに上って法王パウロ五世に遣いする日本の使節であるという、書状を持参していたことが功を奏したようです。とにかく、使節を演出したソテロ神父がやり手だったから。

この宮殿には、市長はじめセビリアの大司教、聖堂参事会員などのＶＩＰが、毎日のように表敬訪問してきたと記されていますよ。これから始まる外交交渉は、マドリッドとローマが舞台だから、セビリアであらかじめ準備を進めていたようです。とくに、国王とローマ法王には是が非でも謁見を賜らなくてはならないから。そのため支倉とソテロは、精力的に大勢の高官たちと会って、これから始まる外交交渉のための根回しをしていたんですね」

「そういうことだったのですか」

「使用した部屋のことでいえば、国王専用の部屋が使えたのは、支倉たち数人だけだったはずです。同室だったのは護衛隊長の瀧野嘉兵衛、大使の書記を務めていた小寺外記あたりでしょう」

「ほかの随員たち、なかでもコリアに残ることになった日本人たちは、どのあたりの部屋を使ったのでしょうか」

「セビリア歴史資料館の話では、さっき入ってきた正面入り口の左手の部屋に分散していたはずだと、言っていましたね」

このとき、彼らのために使用された家具の目録や明細書が残されている。それには、絹のカバーのベッド三、羅紗のカバーのベッド三、並みのベッド二二となっているので、二八人がここに宿泊していたことが明らかになる。ソテロら地元出身者数人はここに泊まらなかったようだ。

それにしてもローマに上るまでの支倉一行に対して、国庫が破綻状態にあったイスパニアが旅費や滞在費を工面してくれたものである。セビリア市民はじめ、往路立ち寄った都市の熱狂的な市民感情も後押ししたようだ。

しかし人間の感情が熱ければ熱いほど、冷めるときも早いのがこの世の習い。彼らの命運はフェイドインからフェイドアウトへと流れは変わり、実際、ローマからの帰途、その行方には暗雲が立ち込めていくのである。

壮麗な伊達政宗の書状

宮殿を後にした村松君と私は、表通りを渡って市庁舎に向かった。一七世紀を代表するような、荘厳な建物である。路面電車の停車場がある表の公園の一角から、市庁舎を見つめながら、シピオーネ・アマティの記述を彼に語って聞かせた。

「ここで支倉は、市長のサルバティエラ伯爵に、伊達政宗から託された書状を手渡しているんですよ。

同行したのは誰かって？　通訳のソテロ神父と護衛隊長の瀧野嘉兵衛以下、ほとんどみんな連れて行ったそうです。市長からセビリアの滞在費と、マドリッドまでの旅費を援助してもらうため、大がかりな使節であることをアピールする必要があったのでしょう」

「セビリアに入る日の市民の大歓迎ぶりからみても、市長も歓迎したんでしょうね。なにしろイエス・キリストを敬い、国王と法王に罷り出るためにはるばるやって来た使節ですから」

「市長は上座に支倉を座らせて、話を聞き入っていたと書かれていますね。その後、支倉のことを慎み深く、重厚な人物だと激賞していたそうです」

「どんな書状を渡したんですか」

「以前は二階の廊下の一角にガラスのケースに納まって展示されていたから誰でも見られたけど、今は市の歴史文書館のほうに移されたらしい」

村松君がぜひ見たいというので、タクシーを拾って文書館に行った。

伊達政宗からセビリア市宛ての書状は、歴史文書館三階史料室の書棚の中に眠っていた。係の若い女性二人が、ケースに納まったままの書状を丁寧にひもとくと、目の前に墨痕鮮やかな書状が現れた。横一〇〇センチ、縦三六センチの硬い和紙に、金粉や銀粉をふんだんにまぶした上に墨で書かれた見事なものである。

文面は「大成天有主之御はからいを以て（だいなるデウスのおはからいをもって）」で始まっている。ただ中味はとなると、セビリア市に友好関係と通商を求めただけの無難な書状だから、この程度の内容でよかったらしい。

同じサイズの和紙に書かれたもう一つのローマ法王宛ての書状は、一本が和文、もう一本がラテン語文の親書となっており、今もヴァチカン宮殿内に保存されている。

ところが、肝心のイスパニア国王フェリペ三世宛ての書状については今もって所在は不明である。私は以前から、バヤドリッド郊外のシマンカス歴史史料館はじめ、心当たりの所を訪ねて探しているのだが、残念ながら見つからなかった。

書状が保存されていたと思われるマドリッドの王宮が一七三四年のキリスト降誕祭の前夜に焼け落ちており、現在の王宮は再建されたものである。私は宮殿内の武器資料館で支倉から国王に手渡されたと思われる、黒焦げになった日本刀を研究員から見せられたことがある。

刀に遺された銘を写真に撮り、日本に持ち帰って鑑定してもらったところ、たしかに仙台から行った刀であることは判明していた。ということは、書状の方は残念ながら焼失してしまっている可能性が高い。だが支倉から渡されたとされる兜は無傷のまま保存されていることから、ひょっとしたらという一縷の望みはある。

セビリア市歴史史料館で、政宗の書状を目の前にしながら村松君は、文面の最後の、《伊達（花押）、政宗（朱印）、慶長十八年九月四日》につづく部分を差しながら、

「最後の《せひい屋、志たあて》というのは、ボクにもわかりますよ。《セビリア市宛》ということですよね。《志た》はスペイン語のシウダ（市）のことだから」

と言ってニッコリした。

それから真顔に戻った彼は、

「でも、政宗はスペイン語なんか解るはずがないですよね」

と言い出した。

「これはソテロが政宗に教えたんでしょう。自分の名前と日付、宛て先だけが政宗の直筆で、文面は支倉の字体でしょうね。仙台市博物館の学芸員も言っていたけど、彼の私的書状の筆跡とそっくりだから」

「ということは、政宗が最低限度の事柄だけ書き入れて、白紙のままスペインに着いてから支倉が文面を書いたことになりますね」

使節のなかには信頼の置けない人間もいたから、警戒していたためだと思われる。実際、国王や法王に渡された親書も同じ経過をたどっているはずなのである。

「しかし金粉、銀粉をふんだんにまぶしてあったりして、ずいぶん華のある書状ですね。黄金の国ジパングをアピールしたかったのでしょうか」

と、村松君はしきりに感心している。

「政宗には色彩があるのを通り越して、男の色気があるなあ」

私はつい、そう呟いてしまった。

書状だけでない。往路の支倉一行には、じつに華があるのだ。セビリアでは宮殿内の国王専用の部屋に泊り、行く先々で大歓迎を受け、ローマでは目抜き通りを大パレードして市民に迎えられたのだから。

東洋の果てからやってきたサムライたちは、人々の求めに応じて刀を抜いてみせた。後述するが、懐から取り出したチリ紙で鼻をかんで道に捨てると野次馬たちがそれを我先にと奪い合うので、わざと鼻をかんで紙を捨てるサービスまで披露したことが、記録に残っているのである。

サムライたちも足を運んだサンタクルス歓楽街

アルカーサル宮殿の近くに戻った私たちは、その裏手から車が通れないほど細い石畳が迷宮のようにつづく、サンタクルス街に入っていった。ここは当時から歓楽街として知られた地区で、いまも大きな居酒屋やタブラオ（フラメンコの劇場）などがあることでも知られる。ちょうど、有名なタブラオのロス・ガヨス（雄鶏の意）の前に差しかかったときだった。

「このタブラオには何回も来たことがありますよ。いちばん若いけど、凄くセクシーに踊るインマクラダっていう踊り子にはまっちゃいまして。見初めた頃は、週末になると通いました。今はグラナダに行っているそうです」

村松君が熱い眼つきで、そう言った。

じつは支倉常長たちもセビリア滞在中、市中視察と称してよく歓楽街にも出かけていたと、シピオーネ・アマティの『伊達政宗遣使録』に書かれている。

「観劇、ダンスなどでもてなされた」とあるから、市の有力者に招待されたらしい。日本でも、外国人をもてなすには芸者がつきものだったのだから、これはスペイン版おもてなしである。

幻想的な赤い灯に照らされて時に激しく官能的に踊るフラメンコに酔いしれたり、踊り子の怪しげな視線に、戸惑いを覚えたこともあったに違いない。

現代人の私でもフラメンコを観ると、ゾクッとする。ましてや侍の彼らや、侍たちに仕えてここまでやって来た小姓たちも、国にいるときには剣術の稽古や田んぼを耕したりの世界であったろうから、度肝を抜かれるのも無理はない。大方こんな会話をしたことだろう。

「まんず、おったまぎたな」

「うんだなっす」

フラメンコはジプシーの踊りだけに、狭い洞窟風のタブラオで見物するのが普通だから、むせかえるような熱気に若い侍たちは圧倒されていたはずである。

アンダルシアの平原、そしてコルドバへ

十一月二十五日。秋晴れのこの日、馬上の支倉一行は居並ぶ関係者に見送られてセビリア

を後にした。途中まで騎馬隊が警護についていたのは、野盗の群れが待ち構えているやもしれない、治安の悪い荒野を行くことになるからで、随員たちはみな帯刀していた。多くの荷物が、ここでも金銀財宝に見えたらしい。

彼らが宿舎にしていたアルカーサル宮殿前を車でスタートした私は、彼らの足跡を追って道中最初の宿舎となった、東へ三八キロの旧道沿いにあるカルモナの宮殿をめざした。この道はもっと曲がりくねっていたはずなので、五〇キロぐらいはあったかもしれない。

私が足跡を追っていたこのときは八月の熱い盛りだったから、至る所に塩湖や塩吹き沼を見かけた。月面世界に降り立ったように、一面真っ白な原野である。車を止めて湖の淵に立ち、なめてみると紛れもない塩であった。

年明けから一粒の雨も降らないアンダルシアでは、岩塩を含んだ湖の水は干上り、塩湖になってしまうのである。なかには車で塩の上を走れる湖もあるが、私は以前、油断してずぶずぶと引きずり込まれ、危うく命を落としそうになった経験があったので、このときは淵で塩をなめただけに留めた。『ドン・キホーテ』にも書かれているように、真夏のカスティーリャやアンダルシアには、このような塩湖や塩吹き沼があちこちにある。

支倉たちの旅路は秋の激しい長雨の後だったから、この辺りの湖はしっかりと水を湛えていたはずである。

彼らの第一夜の宿舎は〝アンダルシアを照らす明けの明星〟とうたわれた、カルモナの丘の上の宮殿であった。今は、古城や宮殿、修道院などを一般公開してホテル形式にした、国営のパラドールになっている。

私は彼らが使用したと思われる、もっとも景色の良い部屋を選んだ。テラスに出ると、眼下には乾ききったアンダルシアの平原がどこまでも広がり、〝遥かなるコルドバよ〟と詩人ガルシア・ロルカがうたったコルドバへの道が、地平線まで真っ直ぐに伸びている。彼らが行った遥かなる道は、蜃気楼が立つ原野のなかに、黙したままだった。

この宮殿の大広間は、かつてカスティーリャ国王フェルナンド三世、イサベル女王や夫フェルナンド二世も宴を催したこともある由緒あるパラドールである。その夜、私は寝つかれないままに、日本の侍たちがどんな夢を見たのだろうかと考えた。マドリッドで外交交渉する国王フェリペ三世のことか、ローマで謁見する法王パウロ五世の威光溢れる姿だったか、それとも郷里の家族のことか。

結局私は、このパラドールを気に入って三泊してしまったが、出発の朝もカルモナは快晴だった。石畳の坂道を下って平坦な道に出ると、ロバに乗った少年と父親が、山羊の大群を率いて放牧に出るところに出会った。私は時おりパラドールを振り返りながら、しばらく彼らに同道した。

支倉たちは途中のエシハの町でも歓迎された後、コルドバ入りした。今ではマドリッドから超特急「アベ」に乗れば二時間足らずで着けるコルドバは、かつては後ウマイヤ朝の都で、住民五〇万人のほかに兵士の数も五〇万を擁する、西側イスラム世界の拠点として知られた歴史の町である。

日本で「コードバン」と呼ばれるのは柔らかい馬革のことだが、本来はこの地方で飼育され、なめし加工された小山羊の革のこと。そういえば、セビリアを発ってから原野にたくさんの山羊を見かけたが、コルドバの町中で牡山羊のリーダーの首に掛けられた鈴の音を先頭に、数百の山羊が路地を通過していく光景は微笑ましい。

一行は町の入り口で、自ら騎士を従えた市長ファン・デ・グスマンの出迎えをうけ、宿舎のドン・ディエゴ伯爵邸では、楽隊や舞踊の饗宴をもって歓待されたと記録に記されている。小山羊の焼肉や、糖度の高いアンダルシアのワインを飲みながら、フラメンコに近い舞踊を観たのだろう。

翌朝は市長自ら宿舎を訪れ、案内役を買って出て回教寺院メスキータのなかのカテドラルや、王室厩舎などを見物した。薄暗いメスキータの、三〇〇〇本もあるといわれる円柱が林立する様や、アラベスクの壁、メッカの方向を向く礼拝堂ミラブ（mihrab）は、彼らの眼にはどう映ったのだろうか。その中央部に建てられた、キリスト教徒による征服の証しであるカテドラルの異様な光景に、この国が背負ってきた異教徒に対する現実の姿を見せつけられることになったに違いない。

それから市中見物したが、コルドバ市内でも行く先々で、東洋から来た使者を一目見ようとする群衆で、通りは大混乱になった。

市内の視察が終わると、市長は自宅に彼らを招き入れ、盛大な昼食会でもてなした。しかし、マドリッドに急ぐ彼らは、当地には一泊だけに留め、引き留める市長たちに別れを告げて、後ウマイヤ王朝の都を後にした。このとき、市外三キロの地点まで、馬上の貴族たちはじめ大勢の市民が見送ったと記録にある。

ラ・マンチャの原野を往く

次にめざしたのは、永遠の都とうたわれるトレドである。一行は、コルドバからまっすぐ北上してラ・マンチャの大地へ入っていった。青い空と大地を分ける一本の地平線だけが真っすぐに果てしなく伸びているラ・マンチャは、物語ドン・キホーテの舞台である。

オリーブの林の木陰を抜けると、見渡すかぎり葡萄畑と、その先には広大な小麦畑がつづき、なだらかな丘の上には白い風車が見下ろしている。

若き日の私は、週末になるとマドリッドを五〇ccのホンダのバイクで発ち、ラ・マンチャの風のなかを走るのが好きだった。

ラ・マンチャの原野がもっとも美しく輝くのは春である。前年に刈り取られた麦畑は緑の絨毯に変わり、血のように赤いアマポーラ（ひなげし）が風に揺れ、空にはひばりがさえずっている。この原野に立つと時間の観念を失い、今し方までいた人間社会への関心がまったく消え失せてしまうかのように、大地が凄まじい勢いで迫ってくる。

ラ・マンチャの大地を渡る風のなかを駆け抜けていったのは、騎士ドン・キホーテと従者サンチョ・パンサ。作者のセルバンテスがまだマドリッドで健在だったころ、日本の侍たちはドン・キホーテの舞台ラ・マンチャの大地を馬に跨がって越えて行った。つるべ落としで日が短くなる晩秋のことである。

一行はコルドバを発ってから、トレドの手前一五〇キロにあるアルマグロという小さな町に立ち寄った。町外れのシウダ・レアルと、トレド方面に分かれる交通の要所に、大きな聖フランシスコ派の修道院があるからだ。

カラトラバ騎士団の所領内に一五九六年に建てられたこの修道院は、真冬でも革のサンダルしか履かない、聖フランシスコ会の中でもとくに厳格な生活が要求された原始会則派（オブセルバンシア）の修道院で、ソテロ神父はこの会派に所属していた。

今ではだれでも泊まれる、国営ホテルのパラドールになっているこの修道院は、パティオ（中庭）が一六もあり、青い蔦に囲まれた正面の鐘楼からは、昔のままの音色の鐘が聞こえてくる。侍の一行は俗界から隔離された聖域で、旅の疲れを癒したのである。

この修道院の地下室には、大きな瓶が設立当時のまま三つ残されているが、修道士たちがワインの貯蔵に使ったものだった。どこの修道院も教会も広い所領を有し、修道士や神父が小作人を指揮して葡萄農園や畑を耕し、共に汗を流すこともあったのである。

日本では「お神酒好まぬ神はなし」といわれるが、スペインの聖職者たちは、総じてイエス・キリストの血と崇めるワインがことのほか好きだったそうだ。支倉たちもみな、主の血（ワイン）を堪能したと思われる。

パラドールを出発した私は、アルマグロの町の芝居小屋コラール・デ・コメディアに立ち寄った。ここは毎年八月末から九月にかけて、国際古典劇フェスティバルが開催されることで知られているが、その起源は支倉たちが立ち寄ったときよりも少し古い、一六世紀中頃に遡る。

カラトラバ騎士団領の中心地であったマヨール広場を囲んで、渋い緑色の窓枠が落ち着きを副える佇まいの、大きな芝居小屋は今も昔のまま残り、古典劇フェスティバルもつづいている。当時この辺りには、騎士や修道士、華やかに着飾った人々が行き交っていたはずだが、支倉たちは、芝居の終えた閑散とした町を垣間見ただけで、トレドへの道を急いだ。

一行はマドリデホスの村を左手に折れ、コンスエグラの村の風車の丘を越えていった。丘の両側には今も、風車がいくつも残る、もっともラ・マンチャらしい風景だ。春は緑の平原も、秋から冬にかけては荒涼とした、黙したままの大地である。

古都トレド

一行がトレドに着いたのは、十二月十五日頃である。ゆったりと流れるタホ川のほとりの丘の上に、いつも超然とした姿を見せている古都トレド。栄枯の夢を重ねてきた永遠の都の佇まいに、日本の侍たちも胸を熱くしたに違いない。

彼らはトレドの背後の谷を下り、今のパラドールのあるすぐ下のミラドール（大展望台）の辺りで駒を止め、左手に広がるトレドの丘に声もなく見惚れていたと思われる。このあたりは画家エル・グレコも何度か描いたように、トレドの大パノラマが見られる絶景ポイントである。

支倉たちが見たであろう風景を、グレコはその三年前に代表作の一つ『トレドの展望』に描いている。それは今日、われわれの目の前に広がる景観と少しも変わっていない。ここでは、時間の流れは止まったままなのだ。

一行は谷をさらに下り、アルカンタラの橋を渡って右手に折れ、西側に回り込んだビサグラの門から入っていった。ここがトレドの正面玄関である。

支倉たちは狭くて昼でも暗い石畳を登り、厳めしいゴシック建築のカテドラルに大司教を訪ねた。この大聖堂は三〇年前、大友宗麟ら九州のキリシタン大名らがローマへ遣わせた天正少年使節も立ち寄っている。

イスパニアを訪ねた趣旨を告げる支倉の言葉をソテロが通訳して伝えると、大司教は長い道中の労をねぎらい、一日だけでもと滞留を勧めたが、支倉はこれを固辞している。

早く国王に謁見して親書を手交したいとマドリッドへ急ぐ彼らは、大司教や居並ぶ司教たちに丁寧に別れを告げ、今登ってきた丘を下っていった。彼らはときどき粉雪が舞う木枯らしのなかを、トレド街道に出て北東に急ぐ。

イスパニア国王に謁見　マドリッド

一行が首都マドリッドに入ったのはキリスト降誕祭をひかえた十二月二十日のことである。マドリッドにはめずらしく、雪がしんしんと降る夕暮れどきであった。

彼らの宿舎は、王宮の前のバイレン通りを少し南に下がった僧院であった。この僧院は後に改修され、王宮も新しく建て替えられているが、裏にはマンサナレス川が流れ、その向こうには王室のお狩場カサ・デ・カンポが開け、冬には遠くの空の下にシステマ・セントラルの銀色の山並みが見渡せる。

僧院はサン・フランシスコ・エル・グランデ教会と呼ばれ、ゴヤの『マドリッド風景』の中央よりやや右寄りに大きく描かれている、丸い屋根の白い建物がそれである。以後八ヵ月間、彼らが宿舎にしていたのは、教会裏手の今は老人ホームになっている場所である。

年内の国王との謁見が叶わなかった使節は、「キリスト降誕祭を観てのんびりと過ごし、旅の疲れを癒すように」という国王側近からの伝言に従って、宿舎の聖フランシスコ僧院内の教会で執り行われたミサのほか、祭典の行列を中心地のプエルタ・デル・ソルのあたりで見たようだ。

大きな十字架の後には台座に載せられたイエス・キリスト像がつづき、黒い法衣をまとった聖職者、市の役人、鼓笛隊、着飾った踊り手たちがつづく。しんがりには黒い面を被った悪魔や魔女が奇怪な視線を周りの群衆に投げかけていく。行列の最後尾が近づいてくる頃になると、待ち構えていた街の人々は、手にした卵や石のつぶてを、容赦なく悪魔や魔女に投げつけながら追い回す。教会と民衆が一体になった過去の原体験の光景を、群衆とともに見つめるサムライたち。

支倉にとって極めて重要な意味をもつ国王との謁見が実現したのは、一月三十日のことだった。謁見が執り行われた王宮は焼け落ちてしまい、現在の建物は同じ場所にフランスの宮廷建築様式をそのまま取り入れて復元されたものである。

今は誰でも内部を見学できるが、復元された国王謁見の間として使われた玉座の間は、フレスコ画の装飾が施された天井から吊るされたシャンデリアが燦然と輝き、全体が赤い色調の絢爛豪華なものである。

謁見の模様をアマティはこう記している。

「国王は馬車三台を差し遣わされたが、使節側も馬車をあらかじめ用意していたので、随員たちも全員揃いの服を着、衛兵が整列して迎えるなかを、馬車で王宮に入った」。

このときの支倉の服装は、「大使は控え室で盛大な儀式に着る美麗なる服を着せり」とある。セビリア到着時とローマ入府式でも着て有名になる、あの派手な陣羽織を、ここでも着ていたことがわかる。

このとき、国王フェリペ三世は三七歳であった。彼がまだ六歳のとき、同じジパングから四人の少年たちがこの宮殿に現れたとき、父フェリペ二世の傍らで見たあの艶やかな服装と刀を差した凛々しい姿を記憶の隅に思い起こしていたかもしれない。

フェリペ三世は、マドリッドのプラド美術館にあるベラスケスの『フェリペ三世像』に描かれ、中心街のマヨール広場にある馬上姿の銅像もこの人だが、ふっくらした温容な表情をしている。

そこで支倉は、政宗から託された親書を読み上げるのではなく、自らの言葉で堂々と演説を始めた。

「凡《およ》そ光を求むるもの、これを得たるときは多くの苦難を忘れて喜ぶべし。予もまた光を求めんがため、天の光なき国よりこのキリスト教国に来たれり。世界を照らす太陽のごとき陛下の前に出でて、光栄と喜びに満ち、海陸の長き労苦を忘れ、我が国民中もっとも名誉を得たるものなり。予が来たれる地は当地よりもっとも遠隔なる地にて、日本と称す。我が君伊達政宗は奥州の強大なる王なり。政宗、デウスの道を聴き、キリスト教は真の救いの道なることを認め、自ら洗礼を受け、臣下をしてあまねくこれに帰依せしめんことを欲せり。（中略）

我が君奥州の王は、陛下の強大なること、その保護を請うものに対して寛容なることを聞き、予を遣わし、その位とその領土を陛下に献じ、親交と奉仕を申し出で、今後如何なる時においても陛下の望みに応じ、喜びて全力を尽くす所存なり。

予はまた、陛下の手によりてキリスト教徒たる光栄を得んことを欲す。とくに今日までそれを引き伸ばせしは、右の如くせば、日本において、大なる影響あるべしと思いたればなり」

アマティの記録『伊達政宗遣使録』にあるこの支倉の演説内容によれば、天の光を求めて自分たちを派遣した政宗がキリスト教こそが救いの道であると信じて自らの洗礼と布教を望んでいること、そしてイスパニア国王が保護を求める者に寛容であると聞いているので政宗がその位と領土を陛下に差し出すつもりであることを伝えたことになっている。

政宗がキリスト教に帰依したいという点については仙台藩の重臣・石母田家に残された国王宛て親書にも同様の記述があるのだが、問題は政宗が「その位とその領土を陛下に献じ」とする部分である。

アマティの記録は支倉の日本語の演説をソテロがその場でイスパニア語に訳し、それをアマティがイタリア語で記述したものである。つまりこのくだりは支倉が実際に口にしていないのに、ソテロが勝手にそのように〝意訳〟したのではないかと考えられる。

それでもあえて「国交樹立」説に立ってみると、「位も領土も献上する」と政宗が考えていると支倉が国王に伝えたことこそ、政宗がイスパニアとの高度な同盟関係を視野に入れていた証拠であるということになろう。この「国交樹立」説にもとづいた私なりの推理は拙著『ヨーロッパに消えたサムライたち』（ちくま文庫）に詳しく記した。その点に深入りすることは本書のテーマに沿わないため、ここでは割愛して支倉一行の旅路を追うことに専念したい。

ローマ行きの許可が国王と法王庁側から出るのを待つ間、支倉一行は八ヵ月間もマドリッドに滞在を余儀なくされた。

その間に支倉常長が国王臨席のもと洗礼を受けた場所が今も残っている。中心街プエルタ・デル・ソルに隣接したデパート「コルテ・イングレス（英国議会）」の裏口を出て本屋の角を曲がった小さな広場の一角に、昔のまま静かな佇まいを留めるフランシスコ跣足派女子修道院付属教会がそれである。

正面の古くて重い木のドアを押し開け、右手奥に進むとそこが教会で、白昼夢のような外界から隔絶した聖域は、蝋燭の光の世界である。

当日、金銀の祭具が煌めく主祭壇に向かって右手に支倉、左手に修道院侍従長アルタミラ伯爵が起立し、側には王室聖堂司祭ドン・ディエゴ・デ・グスマン、教父母の役を務めるレルマ公爵とバラハス伯爵夫人らが見守っていた。

洗礼の儀式を執り行うグスマン司祭は、支倉に向かっておごそかに洗礼名「ドン・フィリッポ・フランシスコ・ハセクラ」の名を授けた。ラテン語名のフィリッポはイスパニア語名のフェリペで、国王と同じ名である。

式が終わるとテ・デウム（我ら御身を神として讃えん）を合唱し、その後はオルガンによる賛美歌が式場内を包み込む。

教父を務めるレルマ公爵は、教母とともに支倉大使を伴って国王フェリペ三世の御座所におもむき、支倉が跪くと国王は起立を命じて彼の肩を抱き、祝福の言葉をかけた。このとき支倉は「陛下の臨席の光栄を得たることに感謝し、終生イスパニア国王のために神に祈るべし」と、国王に言ったという。

支倉の後ろには、何人かの日本人が控えていた。誰であったか特定はできないが、キリスト教徒の随員である。

式典にはソテロ神父やヘスース神父もいた。そして一行の動静をくまなく記録しているアマティも、ローマ法王庁から派遣されている歴史学者であるから同席することになった。周囲が薄明るいおごそかな雰囲気の祭壇の前に佇んでみると、国王一家はじめこの国の高官たちが、一介のサムライのためにこのような儀式をしてくれたことに、ただただ驚くばかりである。

支倉は辞去するとき、国王の手に接吻して謝意を表した。表に出ると、そこにはまだ多数の高官たちが彼を待ち受け、馬車で帰って行く一行を見送ったという。

彼らが八ヵ月も逗留したマドリッドの町には、足跡を残しているはずの場所がいくつもある。プエルタ・デル・ソルから斜めに細い路地を行くと、すぐにマヨール広場に入る。四角い石畳の広場を、渋い赤が基調の四階建ての宮殿風の建物がぐるりと取り囲んでいる。ここは国王宣誓式から闘牛、罪人の処刑まで行われた広場だが、支倉一行が来る直前に完成した。

周囲は当時から歓楽街だった。北側の裏手にはメソンと呼ばれる洞窟風の居酒屋が並び、週末にはギタリストたちが大勢やって来て、客も一緒になって歌ったり踊ったりする楽しい一角である。

若い彼らは、宿舎の聖フランシスコ・エル・グランデの付属修道院の暗い雰囲気から逃れるように、陽が落ちるとプエルタ・デ・モロス（モーロ人の門）を通って、マヨール広場の辺りに繰り出し、飲んだりしていたに違いない。

一九七一年から五年ほど私もこの町で暮らし、週末の夜は友人たちとこの界隈で飲み明かしたものだ。いってみれば彼らと同じ場所で青春時代を送っていたことになる。この界隈を通るたびに、ちょん髷に刀を差した彼らと飲み交わす夢を見ている自分に気がつくのである。

ローマへの道

一行がバルセロナをめざしてマドリッドを発ったのは一六一五年八月二十二日。猛暑の頃である。私も五〇ccのバイクで同じ季節にその行程を走ってみたことがある。蜃気楼が立ちのぼる、炎熱の街道を行くのは楽ではなかった。

イベリア半島の内陸部は砂漠の気候に似ている。夏でも早朝は肌寒いほどの低温で、陽が高く昇っても午前中はまだけっこう涼しさがつづくのに、午後になると真っ赤な太陽は、メラメラと燃えるような炎を容赦なく大地に降り注ぐ。

マドリッドを出立した使節には、支倉ら日本人二六人のほかにスペイン人たちが同行していた。日本から行動を共にしているソテロ神父のほか、イグナシオ・ヘスース神父や同じく日本から同行しているヴェネチア人グレゴリオ・マティアス。さらにソテロの弟ファン・ソテロ神父、もちろん通訳兼記録係の秘書として加わったイタリア人歴史学者シピオーネ・アマティもその一人である。

一行はその日の夕刻、東三一キロのアルカラ・デ・エナレスに到着して、聖フランシスコ派修道院の修道士たちに出迎えられた。

マドリッド郊外のこの町は、サラゴサ、バルセロナ方面に向かう交通の要所だ。遠くはローマン・タ一ウン、一六世紀になってからはシスネロスの建てたアルカラ・デ・エナレス大学を中心にした、学問の町として栄えていた。

一行は翌日、このアルカラ大学を訪れている。それより三〇年前、マドリッドを発ってローマに向かった天正遣欧使節の四人の少年たちもこの大学を訪れていた。支倉たちも学長や学生たちから温かく迎えられた。

一四九八年に神学校として創立されたアルカラ大学は、現在のマドリッド・コンプルテンセ大学の前身で、今では世界遺産にも登録され、当時の荘厳な面影をそのままに留めている。

さらに同日、一行は宿舎にしている聖フランシスコ派修道院の付属病院を訪ねていた。この病院の建物はアルカラの町の中心街に現存しているが、今は蔦の生い茂ったアパートになっている。蔦にホースで水をやっている管理人に、日本の侍たちが昔ここを訪れたことを知っているかと聞いてみたのだが、知る由もない。

私が驚いたのは、その病院の隣家がドン・キホーテの作者セルバンテスの生家だったことである。なかの四角いパティオを囲んだ品格のある家だ。

出てきた案内人の婦人に尋ねてみた。

「セルバンテスの父親は貧しい外科医だったと記録にありますが、なかなか立派な家ですね」

すると彼女は上品な微笑みを浮かべながら、こう応えた。

「お医者さんは人間の体に触れるから、当時は床屋さん並みの身分でした。それでも経済的に困っていたわけではありません。息子をアルカラ大学に行かせたくらいですから」

支倉と随員たちが病院を訪ねたとき、セルバンテスはマドリッドの、今ではセルバンテス通りと呼ばれている狭い路地の一角の小さな住いで、余生を送っていた。支倉たちとセルバンテスそしてエル・グレコが、ほぼ同じ時代にスペインの青空の下にいたのである。

アルカラ・デ・エナレスに二泊した支倉一行は、八月二十四日早朝に当地を発ち、一路バルセロナをめざして北東につづく街道を行った。

途中のアラゴン地方の主都サラゴサに至る街道は、現在は国道二号線になっている。当時の旧道はダロカを経由したから、六六キロほど遠回りしたことになる。

サラゴサは、砂漠のように乾燥した大地に深く切り込んで流れるエブロ川の畔の、ローマ時代に起源を遡る古い町だ。人を寄せつけない荒野から、大きな教会とドームが寄り合う大都市が忽然と現れ、一行も驚いたに違いない。

町中を通ってピラール広場に入ると、正面にその古い教会がある。この町で彼らはドン・ディエゴ・ピエンテール侯爵から歓迎を受け、翌朝は侯爵邸で朝食を摂ってから、さっそくピラール聖マリア教会を訪ねた。一同、神聖な教会の柱に接吻し、宝物を拝観した後、侯爵の馬車で市内見物をしている。

一行はバルセロナをめざして、旅をつづけた。道中でアマティは、行く先々の領主に宛てた書状を執事にもたせ、自分たちが国王からの推薦状を持ち、ローマ法王の下に上る一行であると身分を明かしたうえで、騎士の出迎えと護衛を依頼していた。街道筋での野盗の襲撃などの万が一に備え、一行を権威づけて宿舎の確保や道中の安全を確保する狙いがあったのだ。

こうして一行は、フラーガの領主から遣わされた騎兵に守られてレリダに至り、今度はバルセロナから出迎えにきていた一二人の騎兵に護衛されつつイグアラーダを通過し、モンセラーに入った。

「鋸山」を意味するモンセラーは、幾重にも折り重なる岩山の奥深くにある、カタルーニャの聖地である。魔の山を想わせる切り立った岩山の陰にあるベネディクト派の僧院で、支倉らはロザリオの祈りを捧げた。

モンセラーは海抜一二三六メートル、修道院がある所までも七二〇メートルある。私は車を麓に置いてケーブルカーで上がっていったのだが、彼らはどうやって登ったのか、不思議である。

あいにくその日は辺りを流れる雲で視界が遮られたこともあるが、登り道の険しさは尋常ではない。「箱根の山は天下の剣……♪」を越えた往時の武士《もののふ》どころではないのだ。

私が訪ねたとき、修道院のなかではちょうど少年合唱団の讃美歌が岩山の奥まで流れていた。少年たちが去った後の静まり返った修道院のなかで、ロザリオの祈りを捧げた彼らが、黒いマリア像をどんな心持ちで見つめたのだろうかと考えた。エル・グレコが見た中世の闇の世界か、それとも淡い一条の光に、訪れつつある明るい近世の到来を読み取ったのか……。

日本ではすでにキリスト教が禁止されている事実は、彼らの耳にも聞こえていた。国禁を犯していた彼らは、黒いマリア像に慈悲の御心を見い出そうとしたのかもしれない。

それから日本人一行は、再び山を下って元の街道に出ると、バルセロナを目指した。

バルセロナ

一行がバルセロナに入ったのは十月三日であった。ここはイスパニアが世界に誇る地中海世界の拠点だが、後々の日程から逆算すると、数日間しかこの町に滞在しなかったとみられる。宿泊先は聖フランシスコ修道院の近くに住む「さる人の屋敷」であったとしか記されていない。

バルセロナの港にはちょうどジェノヴァ船籍のフラガータ船二隻とバルセロナのベルガンティン船が一隻停泊中だったので、一行は三隻に分乗することになった。

船が出航準備をしている間、一行は国王フェリペ三世の甥にあたる、マヌエル・フィリベルト王子に勧められて市中見物と要人の表敬訪問をした。

当時のバルセロナの面影を今に残しているのは、花屋や小鳥屋もある広い遊歩道が真ん中に走るランブラス通りの東側で、カテドラルやサン・ジャウメ広場を中心にした一キロ四方のゴシック地区である。

彼らはゴシック式のカテドラルの正面入り口から入り、おごそかな雰囲気の内部を一巡してから、サン・ジャウメ広場に向かった。

カテドラルの正面左手の小路を入ってすぐに左に折れると、支倉たちが訪ねた「王の広場」に出る。ここはコロンブスゆかりの地でもある。

なかでもカテドラルの正面の右手の角を曲がり、人通りもまばらな石畳の小路を行くのがいい。とくに深夜、左手に重く閉ざされたカテドラルのサンタ・エウラリア門のあたりを歩くと、コツコツと刻む自分の足音だけの静寂な世界に埋没できる。頭上に煌々と満月が照らす夜、そして暗い雨の夜に独り歩きするたびに、私の脳裏にはこの道を行った日本の侍たちのことが浮かんできた。

彼らはサン・ジャウメ広場に出ると、右手の角にあるカタルーニャ議事堂に入っていった。中央階段を二階に上がり、なかを一巡して議場を見学すると、今度は広場の真正面にある市庁舎に入って市長に挨拶して外に出た。

ともに一四世紀に建てられた行政の要は、宮殿風の威風堂々としたネオクラシックの建物である。頭上には、今も誇り高いカタルーニャの旗が広い青空に向かってはためいている。コロンブスら男たちは、ここから未知の新大陸へ乗り出していったのだ。

だが支倉たちはこの町に長く逗留することもなく、出航準備の整った三隻に分乗すると、ローマに近い港町チビヴィタヴェッキアをめざして地中海を東に向かった。

一方、彼らの足跡を訪ねる私の旅は、車でバルセロナを地中海沿いに北上し、国境を越えてフランスに入った。モンペリアからアヴィニョンに立ち寄り、山奥の村サン・レオンに行ったのは、アンリ・ファーブルの生家を訪ねるためだった。終戦直後、小学生だった私は『昆虫記』に夢中になった。異国に目覚めさせてくれた恩人に、一言礼を言いたかったのである。

『昆虫記』に登場するサン・レオン村の古い教会や村の女たちが使っていた共同井戸も、少年ファーブルがアヒルを水浴びさせた小川も、当時と少しも変わっていないように思われた。あの記述を読んだときの衝撃は、とてつもなく大きかったのである。私は彼の生家の門前に立ち、「あなたの本に夢中になっていた日本の田舎の少年が、今こうしてあなたを訪ねてきました」と呟いた。

次に私が向かったのは、南フランスのサン・トロペだった。アヴィニョンからマルセーユを経てたどり着くこの地は、整然と繋留された真っ白なヨットが夕日のなかに輝く港町だった。バルセロナを出た支倉一行は地中海で嵐に遭い、当時は静かな漁師町だったサン・トロペに避難していたのである。

彼らが地元のコスト未亡人の館に二泊していた事実がわかったのは、第二次大戦中の一九四〇年のことだった。アヴィニョンに近いカンパトラの古文書館で、複数のフランス人が記していた四点の日記などが発見されたからである。

シピオーネ・アマティが同行していたのにもかかわらず、何ゆえかサン・トロペに寄っていた事実は記されていなかった。ところがここサン・トロペでは、突然の珍客来訪の報に驚いたのであろう。地元の侯爵夫人が訪ねてきて一行とおしゃべりをしたり、彼らの食事風景や町でフランス人たちと交流している光景が記録されることになったのだ。当の侯爵夫人や館の主コスト未亡人、性別や身分はわからないが、同じく訪ねてきた地元のファーブルという人などの日記に、それが詳細に描写されている。

しかも支倉たちの全行程のなかで、彼らの日常風景がもっともリアルな姿で浮き彫りにされるのは、たった二日間だけの滞在とはいえこのサン・トロペなのである。

それによると、髪は髷を結っていたが、みんな後ろに束ねて紐で結び、通常の髷よりも低く押さえてあった。ヨーロッパに来てから、スペイン風のつばの大きい帽子を被っていたためのようである。

彼らは「常に大小二本の刀を差していた」と書かれている。ヨーロッパの剣のように直線状で上から下に下げるのではなく、腰のところで前後に横吊りするので、刀身が反っていたことに現地の人々は興味をもったようだ。「刃はすこぶる鋭敏で、一枚の紙を刃の上にのせて息を吹き掛ければ、たちまち切れるほどである」と記されているので、明らかに彼らのうちの何人かが、まわりのフランス人の求めに応じて、刀を抜いてみせたことがわかる。抜いただけでなく、周囲の人間たちの身近なところで、刀身をじっくりと見せてやったことになり、フランス人たちの驚嘆した目の輝きが、伝わってくるような光景である。

描写される支倉一行の食事風景もおもしろい。「支倉大使と一緒に食卓を囲むのはいつも聖職者たちだけであった」とあり、ソテロ神父とヘスース神父が同じテーブルに着いていたが、ヴェネチア人のグレゴリオ・マティアスとアマティも同席していたとみられる。日記には支倉らの様子が次のように記されている。

「大使は食事をするときは刀を刀掛けに置いた。大使の背後には太刀持ちの小姓が刀を捧げもって控えていた。給仕係の小姓は一品ずつ、食べ終わるごとに別の皿を運んできた」

では太刀持ちをしたり、給仕をしていたのは誰と誰か。先のサン・トロペ侯爵夫人の記述にある小姓の七人とは、馬丁の藤九郎、助一郎、茂兵衛、九蔵の四人に、支倉に従ってきた金蔵、九次らのことである。

そのほかに今泉令史ら一〇人ほどの仙台藩士と、ソテロについてきた神尾弥治右衛門や野間半兵衛、そして瀧野嘉兵衛と日本人の通訳モンターニョらは、いくつかのテーブルに分かれて食事をした。給仕するのはいずれも先の小姓たちである。

このときの料理は肉料理、パンのほかに米も食したことが記録されている。そのほかにも、蓋の付いた容器を小姓が運んできているので、これはスープかシチューであろう。コスト家には調理人のほかに小間使いがいたはずだが、宿泊人数が多いので藤九郎らが手伝ったと考えられる。

フランス人たちのこの記録からは、彼らの日常の行動や作法でも、きちんと日本の身分制度をそのまま厳格に守っていたことが読み取れる。

食事が終わると一同はひざまずいて祈りを捧げた。しかもその祈りはラテン語で唱えていたと記録されている。そして、祈りを捧げるために教会に入るときはいつも長い十字架を身につけ、祈りの後は深く頭を下げ、とくに聖体に拝礼するときには、大地に接吻していたとある。もっとも、支倉はミサに参列するとき以外は、まったく外出しなかったという。

サン・トロペ侯爵夫人から見た一行の印象を綴った記録では、女性の目による観察なので、髪形や服装はさらに詳細に記述されていた。

なかでも興味深いのは、日本人はみんな胸にたくさんチリ紙を入れていて、鼻をかんだ後その紙を通りに捨てていたと日記にある。それが当時の日本での習慣だったのだろう。ところが彼らがかんで捨てたチリ紙を見物に集まった人たちが我れ先に争って拾う光景を、一行はおもしろがって見ていたというのだから、なんとも微笑ましい。

随員のなかには見物人を喜ばそうと茶目っ気をだし、わざと鼻をかんで、捨てていた者もいたという。当時ヨーロッパでは、鼻をかむのにハンカチしか使っていないので、よほどめずらしかったのである。

さらに、一行の日本人が裸で寝るのにも驚いているが、これは日本の東北地方の雪国に伝わる習慣で、日本でもめずらしいので、フランス人が奇異に感じても不思議ではない。

四〇〇年前、彼らが歩いた道は港の左手の埠頭沿いで、今はレストランや土産物店が並ぶ通りになっている。路上に迫り出した日除けの下のテーブルについてビールを傾けていると、過ぎし日の光景が目に浮かんできた。若い侍たちは、この辺りで好奇心旺盛な地元の人たちに囲まれ、刀を抜いて見せたり、鼻をかんだりしていたのだ。

店の主人によると、この港町はヨットの数が漁船を上まわり、観光客が増えたほかは、往時とさほど変わってはいないはずという。

そして彼らが入った教会は、港に面した表通りを折れてすぐ左手の、小さな黄色いサン・トロペ教会である。一五世紀からある教会で、この町にはただ一つしかないそうだ。

イタリア・ジェノヴァ

地中海の船旅をつづける日本の一行は、サヴォナに寄港した。ここはすでにジェノヴァ領なので、ジェノヴァに上陸の許可を求めるための寄港であった。

つづいて十月十一日、二五キロ先のジェノヴァに入港し、港に近い聖フランシスコ会のアヌンチャータ僧院に一泊している。一行を先導するソテロ神父が聖フランシスコ派会士なので、彼の顔で、行く先々の同派の僧院にお世話になることが多かったのである。

コロンブスの出身地でもあるジェノヴァは、ヴェネチアやナポリと共に古くから地中海貿易の港として栄え、中世の時代にイスパニアの商業活動を一手に引き受けていたのも、これらの港町の商人やユダヤ人たちだった。

ジェノヴァの町は、今でも黄金時代のよすがを随所に留めており、白い二階建てのコロンブスの生家も現存している。港の背後の丘には古い灯台があった。聞くと、世界最古の灯台の一つで、支倉たちの時代から現存しているものだというから驚いた。

この町を初めて訪れた私には、同じ地中海のバルセロナに似ているように思われた。時代の変遷に覆いかぶされているせいか、重苦しく暗い空気が流れているが、バルセロナ同様に長くいれば味わい深い町のようである。実際私の知人は、「ジェノヴァに住むと、やみつきになりますよ」と言っていた。わかる気がする。

一行は翌日、一同揃ってセナート（議会）を訪れた。この建物も、下半分が黒ずんだ姿で海岸に沿った大通りに現存している。ここで支倉はいつもの低い声の日本語でローマへ遣わされた主旨を説明した後、ソテロがそれをイスパニア語に訳した。

相手の言葉はイタリア人のアマティがイスパニア語に訳してソテロに伝え、ソテロはそれを日本語に直して支倉に伝えるというリレー方式である。イタリア語とイスパニア語（スペイン語）は似ているが、ソテロはイタリア語を完璧には解していなかったようだ。

このときの発言記録によれば、支倉が「イタリアを通過する際には、当地の議会を訪問すべきことを、わが国王（伊達政宗）から命ぜられてきた」と話したことになっている。でも、伊達政宗がそのような細かなことまで指示したとは考えにくい。これはソテロが相手にあわせて勝手につけ加えた話であろう。

一行はその後、ジェノヴァの総督を表敬訪問して、ローマ行きの目的を丹念に説明した上、法王庁へのとりなしなどを依頼した。総督は「尽力しよう」と答え、「急の寄港なのでもてなしの準備もしていないが、ローマの帰途にはぜひ立ち寄ってほしい」と支倉に伝えている。

実際に一行は帰途にも、総督の言葉通りジェノヴァに立ち寄り、当地で支倉が病に倒れたために四〇日滞在して、その後、総督と再会を果たしている。

ジェノヴァは世界に開かれた港町である。ジパングをめざしたコロンブスの出身地でもあったから、「帰途にはぜひ立ち寄ってほしい」と言った総督の言葉の裏には日本の使節に対する特別の思い入れもあっただろう。日本人のほうも、神と聖職者が主人公のカトリックの総本山ローマと違って、人間が主人公で、世界に向けて乗り出す気概に溢れたこの町の雰囲気が、気に入っていたのかもしれない。

ジェノヴァを発った一行は、地中海をイタリア半島に沿って航海をつづけた。彼らの残影を追って、私も海沿いの通りを行った。リヴォルノからは地中海に別れを告げ、フィレンツェに向かった。そうしたのは、彼らもローマからの帰途、リヴォルノに船を置いてこの歴史的な町を訪ねていたからである。

フィレンツェの町では、ソテロの所属する聖フランシスコ派の僧院に彼らは五日間滞在した。ローマ滞在中に当地の大使との約束があったのでわざわざ訪ねたのである。したがってローマからの帰途であるから、時間的にはフィレンツェ滞在のほうが後である。それはともかく、イタリア・ルネッサンスの黄金期を過ぎていたとはいえ、近代ヨーロッパの夜明けを告げる学問と芸術の華が咲き誇るこの都を、ぜひ一目見ておきたかったのではあるまいか。

支倉とともにリヴォルノから一〇〇キロ東のフィレンツェに陸路向かったのは、ソテロと腕の立つ数人の随員であった。書記を務める小寺外記という侍と、護衛の瀧野嘉兵衛だったと考えられる。

一行は当地に滞在中、学問・芸術の都を支えてきた大富豪メディチ家の当主コジモ二世大公（magunus dux）にも会って歓待されている。このとき支倉は、返礼に美しい日本刀一振りを贈った。

宴席には、地元トスカーナ地方最高級のワインが供されたはずだが、フィレンツェ周辺にはメディチ家直営の葡萄園とワイン蔵がいくつもあったので、支倉たちは銘酒を心ゆくまで堪能したに違いない。

町では、オレンジ色の屋根が美しいドゥオモ（大聖堂）やその南側にそびえるジョットの鐘楼、サン・ジョヴァンニ礼拝堂、シニョリア広場を訪れた。あの有名なミケランジェロのダビデ像などが、彼らの眼にどのように映ったのであろうか。

フィレンツェにも、それより三〇年前に九州のキリシタン大名から遣わされた天正遣欧使節の少年たちが訪れている。彼らが日本を発ったのは、織田信長が本能寺で討たれる四ヵ月前の、天正十年（一五八二）二月のことだった。その少年一行と支倉使節がイタリアで足跡が重なるのは、トスカーナ地方の中心地フィレンツェとローマである。

少年使節の場合は、日記にこの町の印象を克明に書き残している。日記はイエズス会のデ・サンテ司祭が収録して『天正遣欧使節記』として世に出たが、日本の少年たちの眼には、聖と俗が共存した光景が印象的だったらしい。

フィレンツェ滞在中の日本の少年たちは、トスカーナ大公から歓迎を受けて大公主催の舞踏会にも招待された。舞踏会では他の少年たちが若い貴婦人や令嬢と踊っているのに中浦ジュリアンだけがひどいお婆さんと踊るはめになり、満場の笑いを誘っている光景が、彼らの日記に事細かに書き残されていて微笑ましい。

少年たちはイタリア各地を訪問し、ピサ市にある有名な鐘楼「ピサの斜塔」も訪ねている。再び戻ったフィレンツェの、シニョリア広場での克明な記述がおもしろい。彼らは噴水池のそばのヘラクルスとカクスの像に驚嘆している。とくにミケランジェロ作のダビデ像について、「遠くを見ている目付きが人を威嚇している勇猛な男に見える」とは使節の少年の一人、千々石ミゲルによる印象である。彼らが目にしたダビデ像は、現在シニョリア広場にある像ではなくアカデミア美術館に展示してある像である。当時は、それがこの広場に置かれていたのである。

一大都市国家として君臨してきたローマの権威・権力を目のあたりにしてきたその後の支倉たちは、個々の人間の美しさが高らかに謳歌されているフィレンツェでは天正の少年たちとは違って、大人の眼に映った別の感慨をもったと思われる。

支倉たちのフィレンツェへの旅は終わり、随員たちの待つリヴォルノに戻り、再び地中海を西に向かってスペインに戻って行った。私のほうは高速度道路を走って、侍たちが二ヵ月半滞在したローマに向かう。

一行、ローマへ

ローマ三〇〇〇年の歴史を見下ろしてきた七つの丘のなかでも、ひときわ古い遺跡が残るカンピドリオの丘。Capital（首都、資本）の語源にもなった、別名カピトリーノ（capitolino）の名が示すように、石柱が林立するかつての商業・政治・宗教の中心地フォロ・ロマーノを眼下にひかえ、その先にはコロセウム円形闘技場やコンスタンティヌスの凱旋門、反対方向には遠くサン・ピエトロ大聖堂の大きなドームを望むことができる。

この丘の頂上につながる、ミケランジェロが設計した一二四の石段を登りつめたところに、サンタ・マリア・イン・アラチェーリ教会とその付属修道院があった。真っ白いエマヌエレ二世記念堂のちょうど背中合わせになるところで、修道院は取り壊されてしまったが、ローマで最も由緒ある教会のほうは現存している。

この一二四段の階段の下から見上げると、ロマネスク様式の正面には装飾がないので素朴な感じは否めないが、内部に入ると、本堂も翼廊も説教壇も、豪華な重みがずっしりと伝わってくる。

記録によれば一六一五年十月二十五日、秋の陽がとっぷり暮れてサン・ピエトロ大聖堂の屋根も闇のなかに消えた頃、この階段の両脇には手に松明《たいまつ》をもった神父たちが立ち並んでいた。

まもなく何台かの馬車が止まり大勢の日本人が降りてくると、両側の僧侶たちに会釈しながら彼らは長い石段を登っていった。松明の灯に照らされた赤い顔はみな晴れやかで、先頭の支倉常長の顔はひときわにこやかに見えたそうである。

じつはチヴィタヴェッキアの港町で、一行は足止めを食ったまま「法王との謁見は難しいのではないか」と、不安を抱いていたところであった。しかし一週間後の二十四日になって、法王の甥にあたるボルゲーゼ枢機卿から「法王へのお目通りを許す」の返書が届いて、不安は一掃された。

翌日晴れてローマ入りした一行は、思いがけずも第一日目にしてクィリナーレ宮殿に滞在中の法王に非公式の謁見を賜り、長旅にねぎらいの言葉をかけられた。支倉らはパウロ五世の悠揚迫らぬ温容な姿を目の当たりに拝して、明るい展望を予感したようだ。そしてこの日夕刻、宿舎のアラチェーリ修道院に入ったのであった。

一行の足跡を訪ねる私の旅も、ローマではこのクィリナーレ宮殿からはじまる。ここは終着駅テルミーニから西方の旧市街の真ん中にあり、トレビの泉から東に二ブロック行った、黄色い二階と三階からなる宮殿である。残念ながら大統領府になっているため、現在はなかに入ることができない。

支倉たちが法王に謁見した「王の間」には、支倉たち日本人五人とソテロ神父をやや滑稽に描いたフレスコ画があることで知られている。そこに描かれる支倉の右手薬指には、太い指輪がはめられている。現在、仙台博物館に保存されている国宝の支倉常長像にも薬指に同じような太い指輪が描かれているが、こちらは左手である点が異なっている。

ちなみに絵のなかの五人の日本人とは、ローマ公民権証書を授けられた支倉以下、小寺外記、瀧野嘉兵衛、野間半兵衛、伊丹宗巳である。このうち野間と伊丹はスペインに残った可能性のある人間たちであるが、詳細は後に譲ることにする。

盛大なローマ入府式

ローマの都大路のパレードは、法王庁が外国の親善使節や外交使節を迎えるときの式典で、このときも慣例にしたがって執り行われた。天正遣欧少年使節が法王グレゴリオ十三世を訪ねた折りにも催され、そのときは現在のローマ・ヴィテルボ駅の南に残るポポロ門からスタートしている。

支倉たちのパレードは、サン・ピエトロ大聖堂を取り囲む城壁の北側、今はただその名を通りの名前に留める、アンジェリコ門から始められた。この日、支倉一行がボルゲーゼ枢機卿差し回しの馬車で宿舎から駆けつけてみると、すでに近衛騎兵が待機し、法王庁の厩から彼らのために馬も用意されていた。とくに支倉には、馬具に見事な飾りが取り付けられた法王の白馬が与えられていたという。「さらに大使以外の主要な日本人三名の馬にも、とくに美麗な飾りが付いていた」と、記録にはある。この三人とはセビリア入市の際にも護衛隊長を務めた瀧野嘉兵衛、小寺外記、あとのひとりは野間半兵衛であろう。

スタート地点のアンジェリコ門を出ると、右手のヴァチカン宮殿の高い塀に沿ってアンジェリコ通りを行き、サン・ピエトロ広場で左に折れて、大聖堂の前から始まる大通りに出る。

サン・ピエトロ広場は白亜の巨大な円柱廊に囲まれたイタリア・バロック期を代表する楕円形の広場である。支倉一行がローマにやってきたとき、大聖堂はすでに完成していたものの、サン・ピエトロ広場はまだできていなかった。大聖堂の正面にそれが完成するのは、支倉たちがローマを離れた五〇年後のことになる。

パレードは大聖堂を背にまっすぐ進んでいった。ラッパを吹奏する近衛軽騎兵を先頭に、マリオ・チェンチ、クルチオ・ファッファーレル両隊長が指揮する近衛騎兵五〇騎が先導し、次にいずれも正装した枢機卿の家人、各国大使館員、ローマ、フランス、イスパニアの貴族・紳士たちが二列になって行進していく。その後を鼓笛隊、騎乗のラッパ手五人が吹奏しながらつづき、さらに騎士を伴った高貴な人々が連なるという、いとも華やかな行列である。

日本の使節は、その後からやってきた。まず、羽織袴の正装に大小二本の刀を差した七人の侍が一列縦隊で現れ、ローマの貴族二人がそれぞれ左右についていた。この七人とは、シモン・佐藤内藏丞、トメ・丹野久次、トマス・神尾弥治右衛門、ルカス・山口勘十郎、ジョアン・佐藤太郎左衛門、ジョアン・原田勘右衛門、ガブリエル・山崎勘助の面々である。

このうち、原田と山口は日本での身分は定かではない。アマティの記録ではperinghiri（巡礼者）となっており、日本にいたときからの切支丹で、カトリック総本山のヴァチカン詣を果たすことを目的としていた人物である。

神尾、佐藤内藏丞、山崎らは日本にいたとき、すでに侍の身分を捨てて切支丹になっていたとみられる。だが使節側の立場上、巡礼者の彼らも和服姿に帯刀し、「日本の使節」としてアピールさせたのだろう。

その後から、「身分の高い侍」が四人やってきたと記述されている。それは瀧野嘉兵衛、小寺外記、伊丹宗巳、そして野間半兵衛である。彼らはアマティの描写では、黒い羽織袴姿であったという。日本から一行に同行してきた随員グレゴリオ・マティアスがその後に従っていた。彼はヴェネチア出身なので、イタリア風の美服を着用していた。

さらに茂兵衛ら四人が槍や薙刀を捧げて行進してくると、いよいよ白馬にまたがった支倉六右衛門常長の登場である。支倉の左側には法王の甥で、この日、大使の護衛隊長を務めるドン・マルコ・アントニオ・ヴィットリオがぴったり騎馬を寄せ、周囲をスイス騎兵が囲んでいた。

法王庁の衛兵らが打ち鳴らす、二八発の祝砲が轟くなかでの登場である。このときの支倉は、先のイスパニアのセビリア入市式にも着た、絹の白地に金と銀の糸で草花鳥獣を刺繍した派手な陣羽織を纏い、二本の刀を差していた。イタリア風のつばの広い帽子を取り、にこやかに会釈しながら、沿道のローマ市民の歓呼に応えていたという。

元来、日本の侍は派手な仕草を好まない。さすがに地味で実直一途な支倉六右衛門ですら、永遠の都ローマの青空の下で繰り広げられているヴァチカン王国の大絵巻に、うれしさを堪えられなかったらしい。

そこはヴァチカンの大聖堂から始まる大通りに入ってすぐのところで、人が集まりやすい、現在のサン・ピエトロ広場のあたりである。私は大聖堂のクープラを背にして広場の前に立ち尽くし、往時の光景を思い浮かべてみた。法王の白馬にまたがり、白絹の陣羽織をなびかせているサムライを見れば、彼がパレードの主役であることは、群衆にはすぐにわかる。

世界の檜舞台を華麗に演じる主演俳優のごとく、帽子を高々と振っている文倉六右衛門常長……。

法王パウロ五世も法王庁の窓越しにこの光景を見て、「ベラ・クオサ（bella cuosa　すばらしい）」と喜色満面で繰り返し、「かくも遠方よりデウス崇拝の徒を導き給いしことを、神に感謝された」という。

サムライを見たローマ市民の驚き

文倉の後ろには、法王庁が雇い入れているスイスの衛兵が槍を捧げて従い、さらに歩兵の鼓笛隊が延々とつづいた。行列の最後部にはボルゲーゼ家の馬車に乗ったフライ・ルイス・ソテロ神父が従っていたが、彼は華美な出で立ちを一切避けた、質素な聖職者のいでたちである。心のなかでこそ、自身の布教活動の実績をこのようなかたちで披露できたことへの喜びに浸っていたことであろうが。

パレードはテヴェレ川に出た所でそのまま川に沿って進んだ。左手に茶色い円形のサンタンジェロ城が近づいてくる。祝砲の轟く合間に城からは美しい調べが聞こえてきたという。城塞として知られるサンタンジェロ城であるが、もともとは歴代のローマ皇帝が葬られた廟である。

パレードは城の正面に架かるサンタンジェロ橋の両側に立つ一〇数体の天使像を仰ぎつつ、テヴェレ川の左岸に出て、中央銀行街のバンコ通りからローマの中心街に入っていった。その間、城からもローマ市中に届くような祝砲が轟いていた。

テヴェレ川は蛇行しながらローマを東西に分断しているから、この界隈は中心街の東側にあたり、古代ローマ市はさらに四方に向かって大きく伸びている。どちらに向かって進んでも一〇〇メートルも行けば古代遺跡と出合うという、気の遠くなるような古い都である。

パレードが通過したバンコ通りは当時、金融業の一大中心地だった。現在では古めかしい建築群もその頃は比較的新しいもので、窓という窓には色とりどりの飾りの織物が掛けられ、歓迎ムード一色につつまれた。

行列はさらに、パリオネ通りからヴァッレ通りのサンタンドレア聖堂の前を行進していった。沿道はどこもかしこも、日本から来た使節を一目見ようとするローマ市民で沸き返っていた。群衆のなかには、三〇年前にやってきた天正少年使節一行のパレードを覚えていた人もいたらしい。「顔つきは似ているけれども、今度の日本人一行は熱帯地方を通ってきたせいか、みんな色が黒いと囁き合っていた」と、記録にはある。ヨーロッパに残る絵画には、天正少年使節の四人はみな同じ顔つきに描かれている。支倉一行も彼らにはおしなべて風貌が似ていると映ったのであろう。

さらにパレードはチェサリーニ通りをサン・ニコラ・チェサリーニ聖堂へと進んで行き、カンピドリオの政庁前の広場で行列を解いた。パレードのスタート地点でセットした私の万歩計は、このあたりまでくると一万二二〇〇歩を指していた。

広場には大勢の騎士や貴族、紳士、貴婦人たちが待ち受けていた。随員たちのまわりにはすぐ人の輪ができたが、なかでも支倉のまわりには幾重にも大きな人垣ができていたという。世界の道に通じる地上最大の都ローマの秋空の下で繰り広げられた、空前絶後の華麗なパレードはこうして終わった。

ほっと肩の荷を降ろした日本の使節は、宿舎のアラチェーリ修道院の石段の下までやってきた。ここで辞去していく護衛隊長ドン・マルコ・アントニオ・ヴィットリオに、支倉は通訳を介して労をねぎらい、丁重に礼を述べた。

馬を返して立ち去っていく隊長を見送り、修道院に通じる階段を登っていくと、ここでも神父や元老院議員、市参事会議員たちのほか、一目彼らを見ようと集まっていたローマ市民が両側に出迎えていた。

日本の侍たちは両側に居並ぶ人々ににこやかに会釈しながら、長い一二四段の階段を登っていった。ハセクラの姿は、あたかもいにしえの凱旋将軍のようであったという。そして日本の侍たち、なかでもハセクラという侍が、誠実でカリスマに富んだ魅力溢れる人物であることが、多くのローマ人たちの心にいつまでも焼きつくことになった。

支倉らが修道院の中に消えると、見送りの人々も三々五々丘を下って行き、ビッグイベントは終わった。

ローマに遺る足跡

盛大な入府式を終えると、支倉にはローマ法王パウロ五世との謁見が待っていた。法王に謁見したのは、大聖堂を正面から見て、右側に隣接したヴァチカン宮殿である。

十一月三日、支倉は随員を従えてボルゲーゼ枢機卿の馬で宿舎のアラチェーリ修道院を出発すると、祈りの時刻の二一時（現時刻午後三時）定刻に、ヴァチカン宮殿にやって来た。支倉はこの日、黒の和服を着ていたが、謁見室の隣の控えの間で、もってきた衣装箱から陣羽織を取り出した。セビリア入市式とイスパニア国王との謁見、さらに先のローマでの市中パレードにも着用したあの派手な陣羽織である。

謁見の模様については、アマティの『伊達政宗遣使録』のほかにも、聖フランシスコ派神父アンジェロ・リボルタが書いた『日本奥州の大使による法王謁見顛末記』、法王庁式武官パウロ・アラレオネの『法王パウロ五世在位日記』、同じく法王庁式武官パウロ・ムカンチの『式部職日記』、ローマ駐在のイスパニア大使カストロ伯爵からイスパニア国王に宛てた書簡など、実際に謁見に立ち会った人たちの記録が数多く存在している。

天正少年使節の場合には、送り出した大名たちがみな切支丹だったので、使節は帝王の間（サラ・レジア）で法王グレゴリオ一三世に謁見している。支倉使節は、主君である伊達政宗がキリスト教徒ではない。そのため帝王の間ではなく、宮殿内の枢機卿会議室で執り行われた。

新しい法王を選挙で決める、コンクラーベが行われるのもこの部屋である。二〇一三年、アルゼンチンのベルゴリオ枢機卿が選出されてフランチェスコ一世となったときも、この部屋が使われた。

そこは細長い宮殿のもっとも南側で、サン・ピエトロ大寺院と隣接するシスティーナ礼拝堂である。外から見ると煉瓦造りでシンプルにできているが、内部に入ると丸みのついたアーチ状の円天井になっている。

四方の壁は絢爛としたフレスコ画で埋め尽くされ、神が人間を創造し、命を与える場面を描く天井画『アダムの創造』（ミケランジェロ作）が堂内を圧倒している。

高い窓から光が漏れ入る、静寂な空気が漂うこの部屋で、枢機卿、大司教、司教、法王庁書記官、法王庁付聖職者、ローマの貴族たちが居並び、法王パウロ五世は中央奥の天蓋の下の玉座に座っていた。

支倉はソテロと共にローマに入った日の十月二十五日にすでに私的謁見を受けてはいたが、この日、あらためて法王の威厳溢れる姿に接したわけである。「この尊いお姿が、キリストの代理執行者、使徒ペトロの後継者、全世界のカトリック総本山の総大司教にして元首にあらせられるお方か」と、支倉はあらためて法王を仰ぎ見たことだろう。

中央に進んで深くお辞儀をしてから、服従の作法通りに法王の足元に跪き、その足に接吻した。そして文箱の中から、絹地の錦織の袋に入った伊達政宗から法王に宛てた、例の日本語とラテン語で書かれた二通の親書を取り出した。

親書を入れていた文箱は仙台地方の工芸品である。縦三一センチ、横一五・七センチ、高さ七・一センチの黒い漆塗りで、表面に牡丹唐草が描かれ、内部は黒一色になっている。

支倉はマドリッドの王宮でイスパニア国王に謁見した折りにも、「凡《およ》そ光を求むるもの、これを得たるときは、多くの苦難を忘れて喜ぶべし」から始まる日本語による演説をしている。そして法王の前でも日本語で演説したことが、ローマ駐在大使カストロ伯爵からイスパニア国王に宛てた報告書や、法王庁式武官パウロ・ムカンチの『式部職日記』に書かれている。

　このとき支倉は、法王に訴えたいことを自分の口で、それも東北地方のお国なまりで伝えたのである。

「貴きてうす天道の御前において……」

　法王に謁見したこのときの演説はよほどインパクトが強かったのであろう。同席した高位・高官たちが、こぞって支倉の人柄、礼儀作法、迫力満点の話し振りを激賞している。支倉の演説がすむとソテロがラテン語で訳したが、その後、政宗の親書のラテン語文のほうを、法王の秘書官が朗読した。

　和文による親書の内容は次のようなものである。

「世界ニ於て広大成《なる》貴き御親《おんおや》、五番目のはつは・はうろ様（Papa paolo V　法王パウロ五世）之《の》御足《みあし》を、日本奥州之屋形ニ於て伊達政宗、謹みて吸い奉り申し上げ候。吾国に於て、さんふらんしすこの御もんは（門派）の伴天連《ばてれん》、ふらい・るいす・そてろ、たつときてうす（デウス）之御法をひろめに御越之時《おこしのとき》、我等之所へ御見舞なられ、其口よりきりしたん之様子、何れもてうすの御法之事を承り申し候。其れに付きしあん（思案）仕《つかまつ》り候程《ほど》、しゆせう（殊勝）

なる御事《おんこと》、まことの御定め之みちを（「と」か）存じ奉り候。それにしたかって（従って）、きりしたんニ成り度く存じ乍《なが》ら、今之うちは去り難きさしあはせ申す子細御座《ござ》候《そうらい》て未だ其の儀無き候。去《さ》り乍《なが》ら、其《それがし》の分国中《ぶんこくちゅう》おしなへて下々迄、きりしたんニ罷《まか》り成り申し候やうニ、すゝめ申す可きために、さんふらんしすこ之御もんはのうちニ、わうせれはんしや（オブセルバンシア、原始会則派）之《の》伴天連《ばてれん》衆、御渡り成られ下さる可《べ》く候。何やうニも、しゆせう大切ニ存ず可く候。御渡り成《な》られ候其《その》伴天連衆ニ、万事ニ付而《つきて》、御ちからを御ゆるし候《そうらい》て、下さる可く候。其の伴天連衆ニ、我等手前より寺をたて、万《よろず》ニ付き而《て》御ちそう（馳走）申す可く候。同《おなじく》我国之うちニおゐて、たつときてうす（デウス）の御法を御ひろめ成られ候ために、然《しか》る可《べ》きと思食《おぼしめし》候《そうろう》程《ほど》之《の》事《こと》、相定《あいさだめ》預かる可く候。別而《べっして》大きなるつかさ（司）を御一人、定め下さり預かる可く候。さやうニ御座《ござ》候者《そうらわば》、頓而《とみに》（繰り返し）、皆々きりしたんニ罷り成り候事、一定《いちじょう》と存じ奉り候。

　我等何《いか》やうニも請《う》け取り申し候間《あいだ》、御合力《おごうりき》之儀、すこしも御きつかい成らる間敷《まじ》く候。是ニ付而《つきて》、我等心中ニ存じ候程《ほど》の事、此《この》ふらい・るいす・そてろ、存ぜられ候間、貴老様御《おん》前《まえ》、叶い奉り申すやうニ頼み入り、我等之使者を相定《あいさだ》め渡し申し候。其の口を御聞き候て下さる可く候。此ふらい・るいす・そてろニさしそへ候て、我等之家之侍一人、支倉六右衛門と申す者を、同《おなじく》使者として渡し申し候。我等之めうだい（名代）として、御したかい（従い）のしるし、御足《みあし》をすいたてまつるために能く（［態］か）ろうま（ローマ）迄進上仕り候。此伴天連そてろ、みち（道）ニ而自然は（果）てられ申し候者《そうらわば》、そてろニ申し置かれ候伴天連を、おなしやうニ我等が使者を（「と」か）おほしめし候て、下さる可く候。其《それがし》之国とのひすはんいや（ノビスパニア）之あひた（間）近国に而《て》御座《ござ》候《そうろう》条《じょう》、向後ゑすはんや（イスパニア）の大皇帝、とん・ひりつえ（ドン・フェリペ）様と申し談ず可く候。其の如く、其元《そこもと》相調へられ下さる可く候。伴天連衆渡海成《なる》ため、頼み奉り存じ候。猶以《なおもって》、其之上、貴きてうす（デウス）天道之御前ニおゐて、御ないせう（内証）ニ叶い申すやうニ、頼み奉り申し候。猶、此之国ニ如何様之御用等《など》仰せ付けらる可く候。随分ニ奉公申し上ぐ可く候。是式《これしき》ニ御座《ござ》候得共《そうらえども》、日本之道具、恐れ乍《なが》ら進上仕り候。猶、此之《この》伴天連、ふらい・るいす・そてろと、六右衛門口《こう》上而《じょうにて》申し上げ候。其くち（口）次第ニ成らる可く候。早々恐れ入り候。誠恐誠惶《せいきょうせいこう》、敬白。

伊達陸奥守（花押）

慶長十八年

九月四日　　政宗（印）

世界ニ於て貴き御親五代目之

はつははうろ様（法王パパ・パウロ様）

進上

親書の冒頭にある「(法王パウロ五世の)御足《みあし》を、……謹みて吸い奉り申し上げ候」とは、法王や国王に謁見が許された者がする服従を表す動作である。

オブセルバンシアという言葉にしても、西洋のキリスト教事情にも通じていない政宗が知るはずはない。先にセビリア市歴史史料館に保存されているセビリア市宛ての政宗の書状のところで解説したとおり、これも政宗の書名だけが入った書状に後で筆を入れたものであろう。

しかし、いくら日本語が堪能とはいっても、ソテロに候文が書けるはずもない。内容は仙台藩側に残されたイスパニア国王宛ての案文と大差なく、おそらく重臣の石母田、支倉、ソテロらの間で合議して案文を作り上げ、ヨーロッパに着いてから、信頼のおける随員の誰かに清書させたに違いない。親書の字体は、支倉の筆跡とも少々異なっている。もちろん機密保持のために、案文や正文の保管に心を砕いたことであろう。

途中「これしきに候えども、日本の道具、恐れながら進上仕り候」とあるのは、このとき渡された家具や着物などの献上品のことだ。ノビスパニア(メキシコ)、イスパニアの陸路の旅で、使節の日用必需品と一緒に馬車で運ばれてきたものだった。地元の名産品であろう品々を献上させた政宗は、仙台の文化を紹介したかったのであろうか。「スペイン国王とローマ法王に献じる金銀財宝」を運んでいると噂されて野盗に狙われたのも、じつはこの品々のせいらしい。

堂々と法王に向かって演説をした支倉は、立派というほかはない。このとき野間半兵衛、伊丹宗巳、瀧野嘉兵衛らは、別室で控えていただけだったが、後日ソテロに連れられて、ヴァチカン宮殿の中で法王に謁見の栄誉に浴した。

しかし、こうした歓迎ぶりとは裏腹に、政宗が求めた要望に対するヴァチカンの反応はにぶいものだった。親書には日本を独立した司教区としてその大司教を任命することや、伊達領内への宣教師の派遣などの要望が記されている。これはソテロの思惑によるものと考えられるが、これらの要望についてのヴァチカンの態度は「検討する」という程度のものだった。

また、通商協定についても法王は、「遠路はるばる来てくれたことをうれしく思う。しかし俗界の事は、イスパニアに戻って国王と再度談合するように」と返答するにとどまった。日本におけるキリスト教への弾圧の実態はすでにローマに伝わっている。支倉使節の目的に布教よりも政治、経済的な匂いを嗅ぎ取った法王側は一線を引いたのである。

サムライたちのローマ七大寺巡り

華やかなローマ入府式、法王謁見のメイン・イベントが終わると、未来に向けた命運は下降線をたどり始めていく。

それでも使節一行は翌日、謁見の礼を伝えるために、法王の側近の最高実力者ボルゲーゼ枢機卿を訪問した。彼は、はじめは一行の到来を快く思っていなかった。ところが支倉の人となり、彼を支えるサムライたちの忠義一徹の作法に接してからは誠心誠意尽くし、ヨーロッパ滞在中を通じてもっとも使節一行の世話をしてくれた人である。

ボルゲーゼ家はローマ市の北方に広大な公園、動物園、美術館などを今に残す名家で、日本の侍たちが謁見した法王パウロ五世を輩出した家柄であった。公園の一角には、ボルゲーゼ枢機卿が建てた白亜の宮殿があり、現在は美術館として、イタリア・ルネッサンス期の名画や彫刻などのコレクションが公開されている。

一九九〇年代のはじめ、そこには法王庁お抱えの絵師クロード・ドゥルエが描いた、例の白絹が基調の陣羽織を羽織った支倉常長の全身画があった。しかしその後、所蔵されている場所は定かでなくなってしまった。あの立ち姿の肖像画は法王庁側から求められ、支倉自らカンヴァスの前に立って油絵のモデルになったもので、写真技術のなかった当時は、外国から来た使節を法王庁の絵師に描かせ、保存しておくのが慣わしだったのである。

かつて宮殿だった美術館のなかには、ボルゲーゼ自身の銅像や大理石の胸像が陳列され、威厳をたたえた髭、恰幅の良い体躯の奥に、この人物の大きな人柄が見えている。館内の二階中央部分が、かつては来客を迎える儀式に使用された大広間であるから、ここで日本人たちは、ボルゲーゼ卿と歓談したことになる。

それがすむと、以後二ヵ月半の滞在中、彼らは法王の側近だけでなく、各国大使たちからも招かれた。当時のローマには、総てのキリスト教国から送られてきた大使が駐在していたので、日本の一行の式典に参列したり、交流するうちに好意を抱いていたようである。

なかでもイスパニアからは、カストロ伯爵が大使として送られていた。彼らはこの大使の宿舎で会見し、大使と共にサン・ジャコモ聖堂で執り行われたサン・ディエゴの祭日のミサにも出席していた。再び立ち寄るイスパニアでの、政治折衝の根回しもしていたのである。

また日本人だけで、教会や聖堂などを見学することもあったが、ローマ七大寺巡りには、たいてい、ほかの大使たちが同行した。

そのローマ七大寺とは、サン・ピエトロ大聖堂にはじまって、サン・パオロ大聖堂（聖パウロ）、サン・セバスチアーノ大聖堂、サン・ジョヴァンニ・イン・ラテラノ大聖堂、サンタ・クローチェ・イン・ジェルサレメ大聖堂、サン・ロレンツォ・フォーリ・レ・ムーラ大聖堂、そしてサンタ・マリア・マッジョーレ大聖堂である。

ヴァチカン宮殿の南側に隣接しているのが、七大寺第一のサン・ピエトロ大聖堂。二一世紀に入った今日も、人通りも絶えた夕暮どきになると、サン・ピエトロ広場には大聖堂のクーポラ（大円蓋）から聞こえる夕べの鐘が時を告げている。

キリストの十二使徒の一人聖ペトロを奉る聖堂で、一番奥に鎮座するその聖ペトロの玉座、そして儀式を執り行う法王専用の主祭壇を、どんな思いで彼らは見つめたのか。感想は記されていないので、聖なる感動は忖度するほかはない。

日本を出て以来、三回目となった降誕祭の日にも、法王自ら執り行うサン・ピエトロ大聖堂でのミサに各国大使と共に参列し、クープラの脇から差し込む淡い光の影の向こうに揺れ動く主祭壇のローソクの光を、じっと見つめる日本のサムライたちがいた。

円形劇場コロセウムから東に一キロ行ったところにあるのがサン・ジョヴァンニ・イン・ラテラノ教会である。遠くはコンスタンティヌス皇帝も洗礼を受けたと言い伝えられ、歴代法王の戴冠式も執り行われてきた由緒ある教会であるが、随員の小寺外記がここで洗礼を受けていた。

支倉がボルゲーゼ卿に願い出て教父になってもらい、当日が日曜日であったためか、大司教、司教、司教座聖堂参事会員、ローマの貴族、騎士が参列した盛大な受洗式だったそうである。

高い窓から光が漏れ入るラテラノ教会の主廊に佇んでいると、小寺外記やほかの日本の侍たちの姿が甦ってくる。彼らは気の遠くなるような歴史を重ねてきた聖なる緊張感のなかにあっても臆せず、晴れやかな顔をしていたのではないだろうか。

日本の侍たちが何度も訪ねたのは、テルミーニ駅に近いサンタ・マリア・マジョーレ教会である。ここは教会北側に見事な横長の階段がつづくエスクィリーノ広場からも入ることができるが、教会の南側に当たるサンタ・マリア・マッジョーレ広場側が、正面入り口になる。紀元四世紀中頃、時の法王リベリウスと貴族のジョヴァンニの夢の中に聖母マリアが現れ、まもなく雪が降る季節になるので、急いでこの教会を建てさせたと言い伝えられている。

正面入り口から入って左手の奥から二番目がボルゲーゼ家の礼拝堂である。建物全体が大きいせいか、礼拝堂はそれほど大きくは見えないが、おごそかな空気のなかで、イタリアを代表する名家の威厳が異彩を放っている。

ここはボルゲーゼ卿も、日本の侍たちも何度も来ている、往時を偲ぶのに相応しい聖域である。ちなみに同家の礼拝堂の一つ手前にあるのは、日本人一行とあいまみえた法王パウロ五世の墓所である。

残り四つの大寺院はもとより、カピトリーノの丘の一角にある、宿舎アラチェーリ修道院とは目の鼻の先にあるフォロ・ロマーノの古代遺跡、その先にあるコロッセオやコンスタンティヌスの凱旋門、ナボーナ広場のパンテオンなど、支倉らがローマに遺していった足跡は枚挙にいとまがない。

だがどこを訪ねても、今自分が日本の侍たちと同じ空間にいると思うと感動的である。歴史の跡はいつも物静かだが、じつは雄弁な語り部であり、伝わってくるメッセージとオーラに圧倒されてしまう。かかわった人間たちの、魂が宿っているせいだろうか。

一行の〝ローマの休日〟も終わり、新しい年が明けた一六一六年一月七日、使節がローマを発つ日がきた。

想えば長い旅路であった。月浦を出て二つの大海を乗り越え、メキシコの荒野、つるべ落としで日が落ちていくラ・マンチャ、炎熱のアラゴンを踏破し、地中海を船旅してやって来た永遠の都ローマ。

栄光の日々の後の、空しさと先が見えてこない不安を抱きつつ、一縷の望みを託してイスパニアに戻って行く彼ら。それは聖の世界から俗の世界に回帰していく旅路でもある。日本に帰っていく者、コリア・デル・リオに残る者、瀧野嘉兵衛のように、独り孤独な道を歩む者。それぞれの運命に向かって、彼らはローマを後にしていった。

山紫水明の故郷を出て、気の遠くなるような世界の都に遣いした彼らが、ヨーロッパで見たものは何だったのか。忠義一徹の武家社会に生きることが、おのが道と、何の疑念ももたずに生きてきたのに、ヨーロッパに来て尊い神の威光とキリスト教の権威の世界に触れた。彼らは、神と向かい合った一個の人間として自己を見つめ直したとき、自分は如何に生きるべきかに苦悩したに違いない。

その一方で、したたかに人間らしく生きている現地の民衆を見て、心揺さぶられるものもあっただろう。西洋の都市の想像を超えた繁栄も、気の遠くなるような長い歴史の証しもこの目で見届けた。結局は武士道という精神世界と、神の導く光の世界との間をどう調和させるかという、重い課題を背負う結果になった。

私はカピトリーノの丘の上に立って、彼らがローマを離れていく後ろ姿を思い浮かべてみた。眼下のフォロ・ロマーノの石柱に見とれていると、四〇〇年前のことなど、この古代遺跡が耐えてきた風雪から比べれば、ついこの間の出来事のように思われた。

フォロ・ロマーノの向こうにそびえる円形劇場のコロッセオと、その右隣のコンスタンティヌスの凱旋門が、明るい太陽の下に今日も映えている。この古代遺跡もまた、あのサムライたちのことを決して忘れてはならないと、私たちに告げているように思われた。

再びのイスパニア
――ロレト　支倉たちが過ごした修道院を訪ねて――

ローマからイスパニアに戻った支倉一行は帰国までの二年数ヵ月、国王フェリペ三世からの返書を待って、セビリア郊外のロレトの修道院とコリアに分散して過ごした。

何ゆえそういうことになったのか、そこに至るまでの経緯を簡単に追うとローマ滞在中、法王パウロ五世との謁見で通商、外交交渉について「イスパニアに戻って再交渉するように」という言葉しかもらえず、一行は一六一六年一月七日、ローマを発ってイスパニアに戻るほかはなかった。カトリックの大本山に君臨するローマ法王も、俗界のことに口を出すことを避けたのだ。

一行は、フィレンツェ、ジェノヴァをへてバルセロナに上陸し、陸路同じルートを通って春たけなわの四月十七日、マドリッドに帰ってきた。だがここでも往路のときとは違い、国王はじめ、周囲の空気も引き潮のように冷めていた。

傷心の一行は、マドリッドに一週間滞在しただけで、セビリア郊外のロレトとコリアに戻るしかなかったのである。ロレトはソテロ神父の兄ドン・ディエゴ・カブレラの領地であり、その地の修道院は聖フランシスコ派であるから、無償で泊まることができたからである。ただしこの修道院に滞在したのは支倉とソテロのほか小寺外記ら、小姓も含めて六人ほどである。

小姓を残したのは、ソテロは足を骨折していたし、支倉もこの間病気がちで、再三にわたって瀉血《しゃけつ》の治療を受けていたからであった。瀉血とは、伝統的なアラビア医術で、熱病の類いは腕の静脈に針を刺すこの治療法が広く行なわれていたのである。

ロレト組のほかはみなコリア・デル・リオで待機することになった。コリアはイグナシオ・ヘスース神父の地元であり、ソテロの兄の影響力もあってのことだった。

現在も残る、支倉たちが滞在したロレトの修道院を初めて訪ねたのは、もう二〇年前のことだった。セビリア市庁舎の近くでレンタカーを借りると、私は独りロレトに向かった。西方のウエルバに向かう高速を避けて、これに並行して走る旧道の四三一号線を行くこと一〇数キロ、原野が開けはじめるとまもなく、右手に白い酒蔵が見えてくる。この酒蔵の奥に隣接した建物がそれで、正面の左が教会、右が修道院になっている。

昼食後のシエスタの時間帯は過ぎて夕方の五時を回っていたのに、いくら鐘を鳴らしても戸口は閉ざされたままだった。

そのうち、法衣をまとった神父があくびをしながら出てきて、一言だけ冷たく告げた。

「まだ休憩時間だから、明日の午前中に来なさい」

ドアは重い音を残して、再び閉められた。明け方の三時に起きて朝のお勤めをする神父たちのシエスタは長いのだ。

そこで翌日は、郷土史研究家のビルヒニオという人物が同行してくれることになった。このビルヒニオについては後で詳しく記すことになる。

翌日、神父の機嫌はすこぶるよかった。ビルヒニオが、

「この日本人は、ハセクラ使節について調べている著名な研究者ですからね……」

などと話を大げさにし、その後も長々と大ボラを吹いたのを真に受けたらしいのだ。私は笑いをこらえるのに苦労してしまった。

「教会を兼ねたこの修道院には、ハセクラたちが住んでいた当時のままの区画が残されていますよ」

と、神父が奥を案内してくれることになった。

アンダルシア独特のパティオ（中庭）をせり出した二階のテラスが取り囲み、パティオの真ん中には古井戸もそのままになっていた。

「ハセクラもソテロも、この井戸で水を汲み、生活していたのです。ハセクラは病気勝ちでしたから、外出もできるだけ控えて、朝夕お祈りする以外は何をすることもなく、パティオに椅子を持ち出して、物思いに耽っていたのでしょう」

神父の説明に、ビルヒニオも私も、顔を見合わせながらうなずいていた。

「今のような夏の盛りには、簾《すだれ》の覆いで日陰をつくってシエスタを過ごしたり、小寺たちやときたまコリアから訪ねてくる日本人の随員と故郷の思い出話でもしていたんだろうね」

ビルヒニオが小声でそう言った。

案内された二階の居住区は、部屋の数は多かった。彼らはそれぞれ個室を使っていたようだが、どれも八畳ほどの空間である。日本の家屋と違うのは、天井が高いことだ。

ここで支倉たちは生活していたのだ。しんと静まり返ったままの居室から、支倉、ソテロ、小寺、そしてコリアに残った下僕の会話が聞こえてくるようだった。
修道院を辞した私たちは、周辺を歩いてみた。桑畑の向こうには葡萄畑が拓け、その先は見渡す限りの平原であった。この辺りを彼らは散歩することもあったのだろう。

夏の暑さもさることながら、南部とはいえ、内陸部の冬の寒さは厳しい。木枯らしが吹いて木の葉が凍てついた地面を舞っている光景に、自分の運命をこの国の為政者の決断に委ねて漂っている己れの姿をダブらせていたのかもしれない。

このとき支倉六右衛門は四六歳。日本を出たときにはまだあどけなさが残っていた若侍たちも同じように、異国に来て四つも歳を重ねていたのであった。

第3章

サムライの末裔伝説を追って

セビリアでのあるできごと

凍てついた長い冬の間、深い眠りについていたスペイン南部に広がるアンダルシアは、風の音と光が凝縮された大地である。そこは春の訪れとともに、一斉に花の原野に早変わりする。

春を彩る主役は、血のように赤いアマポーラ（ひなげし）だ。手前の平地から向こうの丘まで、休耕地を一面に覆い尽くす様は、現地の人が言う通り、まさしく神から与えられた生命の甦りである。「風の中に揺れる花がなければ、人の心はもっとすさんでいただろう」と言った詩人がいた。スペイン南部のアンダルシア地方の人々は、自然の移ろいに誰よりも心する。

そんなアンダルシアの都セビリアの、春の訪れを祝う花祭りは、二週間も祭りの会場で、連日連夜ぶっ続けで繰り広げられる伝統のイベントである。

この国の伝統になってしまった経済不況や政治不信などどこ吹く風。享楽の精神こそわが命と心得ている彼らは、朝から祭りの会場に三々五々と集まりはじめ、職場を一二時前に切り上げてきたサラリーマンやオフィス・レディーも駆けつけてくる。

そこへ白いアラブ馬に跨り、黒いソンブレロ、襟の広い黒のユニフォームに、赤い蝶ネクタイ、白い絹のフリルが着いた正装で、踵に滑車の付いたブーツできめ込んだ、いなせな若者が颯爽と乗りつけてくる。たいてい近郊の大農園主の御曹司たちだ。

ときには馬の後部に水玉模様のフラメンコ衣装を身に着けた妙齢の美女が横乗りしているが、ドン・ファンと情熱の女カルメンを再現したような彼らは、いずれも花祭りのスターである。

そんななかで、うら若きマリア・ポロという女性と知り合ったのは、一九八九年四月初旬のことだった。色とりどりの祭りの衣装で着飾った七、八人の乙女たちが向こうからやってくる光景をぼんやり見つめていると、そのなかの一人がつかつかと私のほうにやって来て、

「あなたは日本人？」

「そうですよ」

というやり取りのあとで、

「私の先祖は日本のサムライだったのです」

という、驚くべき台詞を聞くことになったのである。

すでに大学の授業が始まる季節に入り、日本に帰らなければならない私には、残された日数が気になりだしていた頃だった。

それに彼女の言があまりにも不意であったから、返す言葉も思い当たらずにいると、

「私はコリア・デル・リオから来ているの。いつか行ってみたらいいわ。必ず私の一族の誰

かと会えるから……。私の名前？　マリア・ポロ・カルババハル・ハポンよ」

そう言い残して、彼女は待っている仲間のほうへ小走りで帰っていった。森の中に消えていく謎の妖精を見つめるように、私は彼女の後ろ姿に釘づけになっていた。それに気が付いた彼女も仲間たちも手を振ってくれたが、すぐに人込みのなかに飲まれていってしまった。

コリア・デル・リオへ

彼女とセビリアの花祭りの会場で出会った年の夏。休暇に入ってからすぐにこの国に戻ってきた私は、セビリアのカテドラルや「黄金の塔」に近いバス停から、プエブラ・デル・リオ行きのバスに乗り込んだ。二〇分ほどで着いたコリア・デル・リオは、垢抜けしない、ただの薄汚れた町だった。

「パッとしない集落だなあ」

そんな独り言が口から出てしまったが、実際、コリアはそんな興ざめの町だった。だがその第一印象は、まもなく訂正せざるを得なくなった。静かななかにも底流には、ベールに包まれていた歴史の謎が解き明かされていく、言いようもない熱い風が流れていたからである。事実それはきわめてミステリアスであり、刺激的であった。

セビリアを滔々と流れるグァダルキビル川の一二キロ川下の町コリアは、大航海時代には新大陸の富を満載した船が行き交い、接岸していった当時の盛況ぶりなど遠の昔に忘れ去られてしまった、何の変哲もない小さな町である。

北のセビリアから南に向かって流れる大河は、コリアからさらに八〇キロ川下のサン・ルーカル・デ・バラメダで大西洋に注ぐ。

その岸辺の町コリアは、右岸の平地から東のなだらかな丘に向かって扇のように伸びている。北のセビリア方向は丘ですぐに行き止まりになるが、反対に南のプエルタ・デル・リオ方向は、平地の住宅地を越えると、広大な畑や田んぼが連なる。

同じアンダルシア地方でも、干上がった赤土にオリーブが群生し、所々、丘の麓から頂上に向かって、真っ白な民家がへばりつくように軒を連ねている集落が多いなかで、コリアは大きな相違をみせている。セビリアに近い町であるから、スペインの大都市郊外によく見られる、一見してぽつねんと孤立しているような小さな町だ。それでも、陸の孤島のような散村でもないから、静かな佇まいの中で、人々はつつましやかな、落ち着いた生活を営んでいる。

コリアに着くとまず訪ねたのは、町の中心にある町役場だった。大航海時代華やかなりし頃は、メキシコやペルーからの黄金を積んだ船が遡ってきて、セビリアに入る手前のこの地で、いったん停船して、通関の手続きを受けた。その税関があったのがこの町役場の辺りだったそうだ。

なるほどこのあたりには、ほかにめぼしい建物はない。町役場の入り口にはアンダルシア州自治政府とコリア町の旗がはためいていた。スペイン人は、自分の母国はスペインという以前に、「自分はどこどこの町や村の出身である」を強く意識する。黄色が基調のスペインの国旗もお義理のように立ってはいたが、心なしか小さく見えた。

私が広報室の窓口で来意を告げると、名刺を片手ににこやかに出てきたのが、室長のマヌエル・ルイス・ハポンであった。

スペイン人にしては背が高く、三〇代後半で黒い頭髪の下の額が広い、目玉の大きな男だった。それでも優しげな表情には、好人物であることが読み取れた。

いきなり日本《ハポン》姓の当事者の登場に少々面食らったが、彼は初対面の私の肩を抱き抱えるようにして私を室内に招き入れた。

「私たちのルーツのことで、日本からお出でですか。それならまず私のほうから、これまでの経緯をお話ししましょう」

と言ってから、ビクトル・バレンシア・ハポンという地元の若い郷土史研究家が書いた、『アソテア』という雑誌に掲載された「謎のハポン姓特集号」を示しながら、切り出した。

「今町役場で掌握しているハポン姓の数ですが、隣のコリア・デル・リオと合わせて約八〇〇人ほどです。いずれ近いうち、コンピューターにデータの打ち込み作業を始めますから、正確な数値が出てくるでしょう」

「では、ハポンという姓の由来から教えてください」

「ご存知でしょうが、スペイン語の〝ハポン〟という単語には〝日本〟以外の意味はあり得ないのです。発音が近いハボンという言葉はありますが、これは石鹸のことですから」

「ええ、それはポルトガル人が日本に持ち込んで、シャボンとなっていますね。日本では石鹸水をストローで吸って脹らませるのを、シャボン玉と言っています」

ちなみにjabónのjは当時はxと書く場合が多く、しばしばシャ・シュ・ショの音に変わっていたからシャボンとなった。となるとハポンとは無関係だから、彼が言うように、〝Japón〟を意味する言葉には、〝日本〟以外に候補はない。

日本《ハポン》姓住民の不思議な特徴

広報室長は解説をつづけた。

「通常、スペイン人はだれでも姓を二つもっています。第一姓は父親、第二姓は母方の父親の名字がつきます。名前もカトリック教徒なら二つあるから、全部で四つです。

私のフル・ネームはマヌエル・ヘスース・ルイス・ハポン。マヌエルは生まれたときに親が命名した名で、それから一ヵ月後に教会で洗礼を受けたときに、神父が〝ヘスース〟と付けてくれました。洗礼名がイエス様と同じとはたいそうな名ですがね。

しかしこのセカンド・ネームには、男女の区別がないから、私の男の友人にマリアという名がついている者だっていますよ。神の子には、性の区別がないのです。

それから名字のことですが、私の第一姓はルイス（Ruiz）で、父方の名字。そして母方の名字が日本《ハポン》です。つまり私が日本人につながるのは、母の父親の系統ですね。その父親もまたその父親も、ずっと先まで日本《ハポン》です。そう、四〇〇年近く前まで遡ることになります」

「ということはマヌエルさん、あなたの母方の祖母の場合は、日本《ハポン》姓が消えてしまうことになりませんか？」

「そうなんです。八〇〇人ほどいるハポンのほかにも、すでに消えたしまったケースも少なくないのです」

そこで私は数値にこだわることにして尋ねた。

「日本人がこの町に来て、何人かが残留したとしましょう。当時、この町の人口はどのくらいでしたか」

「正確な数はわかりませんが、一二〇〇人程度だったといわれています。ここには警備兵が常駐していたんですよ。新大陸からの船が遡航してくると通関手続きのあと、彼らが乗り込んで終着のセビリアの、あの黄金の塔の下で大航海は終わったのです。しかし警備兵は頻繁に入れ替わるから、一二〇〇名の人口には含まれていません」

「ということは現在の人口は二万一〇〇〇人ですから、日本《ハポン》姓は全体の三パーセント、隣のプエブラまで入れれば約四パーセントにまで子孫が増えたことになりますね。母方の日本《ハポン》姓が消えた分まで含めれば、もっとパーセンテージは上がります。これは日本人のほうが、繁殖率が高いということでしょうか？　日本人は生真面目ですから、律義者の子沢山という言葉が日本にはありますよ」

私はそんなことを、ためらわずに尋ねてしまった。すると広報室長は、声を出して笑いながら、

「そういうことにはなりますね。しかしですよ、これは不思議なことですが、日本《ハポン》姓の人は、結婚してよその町に行ってしまう女性も少しはいますが、男はこの町に残る傾向が強いのです。それが数に反映されていると思います」

たいていの日本《ハポン》氏がコリアに残る？　そうだとすれば、これは広報室長が言うように、なんとも不思議な現象である。

近世に入ってから、スペインでは地方から大都市への人口流入が盛んになり、とくに自分の土地を持たない小作農や小土地所有者に、著しい社会現象になっていた。なかには村をあげて新大陸に移住したために、廃村になってしまった例も少なくない。

実際、中央のカスティーリャや西のポルトガルに近いエストレマドゥーラ地方の小さな村には、崩れかけた家々の周辺はペンペン草で覆われているばかりで、どの家にも洗濯物

が干してない。生活を営んでいる形跡がまったく見当たらないのだ。村を捨てて、出て行ってしまったのである。

そしてマドリッドやバルセロナのような商業都市、北のビルバオのような重工業都市の住民は、地方から仕事を求めて移住し、定着した人たちが大半である。

しかし日本《ハポン》姓の人たちは、大都市に新しい仕事を求めて移り住む必要がなく、移ってもせいぜい一二キロ上流のセビリア止まりだったという事実は、昔からコリアやその周辺の町で、安定した生活を送っていたことを意味している。しかし、理由はそれだけではなさそうだ。

日本《ハポン》姓がハセクラ一行の末裔？

マヌエル広報室長が、私の目の前に地図を広げた。

「日本《ハポン》という姓の由来について、私たちは一六〇〇年代に日本からやってきたハセクラ一行の一部がこの地に残留し、その子孫の姓になったものだと考えています。

われわれの先祖の日本人がこの地に住み着いた当初は、南側の町はずれの、今のセルバンテス通りが終わる辺りに、ひと塊になって居を構えていたようです。

その後、三代目あたりから徐々に中心地に集まってきたのは、教会や市場など、日常生活に便利なだけでなく、この町の人間たちと同化したことを示しています。そして近年は、住民のなかでも日本姓《ハポン》は上層部に属する人間たちが多くなったから、町役場を起点に町の中心地に住むようになったのです」

なるほど、町役場のまわりには、銀行、学校などの教育機関や文化施設、すぐ裏手には市場や商店が集まっている。大航海時代、金銀財宝をチェックする税関があったのは、町役場の辺りだったのである。

コリアの町は歴史上からみても、グァダルキビル川の船着き場からはじまる。川岸に繋留している小さな漁船の間に栈橋が突き出ているが、ここが四〇〇年前、地球の裏からはるばる太平洋と大西洋を乗り越えた支倉常長一行が、上陸したところである。日本の侍たちの数奇な運命は、この地から始まったのだ。大航海時代には、新大陸の金銀財宝を積んだ船が接岸した所でもある。

今ではこの栈橋は、夜明け前に漁を終えた漁船が魚を水揚げするときに使用している。夜明けとともに、人家もない向こう岸から小さなフェリーが車やバイク、人間たちを載せてこの栈橋に着く。コリア側で待機していた人や車も、入れ替わりに向こう岸に渡っていく。ここからセビリアまで橋はなく、川下にもないからである。

支倉常長率いる慶長遣欧使節団の随員がこの地に残り、その子孫がハポンという姓として

八〇〇人もいる……。にわかには信じがたい壮大な話に半信半疑な表情を浮かべていたであろう私に、マヌエルは、

「大勢いる日本《ハポン》姓のなかで、最も大事な二人の郷土史研究家を紹介しておきましょう」

と言ってから、私の案内に立った。

通常なら電話をかけてから彼らの家に行くところなのに、アポなしで訪ねていくところなどは、まさに農村風景そのものである。

しかし、アンダルシアの小さな町にすぎないコリアにも、「不在ならまた訪ねて行けばいい」というのんびりした思考と、「町民の行動様式はわかっているから、この時間帯ならいるはず」の判断があるらしい。

まず連れて行かれたのは、町役場の前の通りを半ブロックほど行ったところにある自転車屋であった。新品の自転車が所狭しと並べられ、天井からも吊ってある。だが新車のほうは売れることはあまりなく、もっぱら修理と、付属部品の販売が主な仕事らしかった。

出てきた店主は、私より少し年長と思しき太っちょの、どんぐり眼のおじさんだった。

「なに、大使館から私に宛てた推薦状をもらって来たって？　そんなものは要らないから、いつでも気軽に来るといい」

この人が郷土史研究家の一人で、その後日本に何度も足を運ぶことになるビルヒニオ・カルバハル・ハポンである。

なぜ日本《ハポン》姓になったのか

最初の私の質問は、日本《ハポン》という苗字の由来についてだった。そのときビルヒニオは、真っ先にこう言ったものだった。

「画家のグレコの例を思い出してみるといい。スペインには、その人間の特徴をニック・ネームにする習慣があったんだよ。それがいつのまにか通称となって定着したってわけだ」

たしかに、異色の存在ほど人は注目する。東洋の未知の国〝日本《ハポン》〟からはるばる来た男たちに、ニック・ネームはつけやすかったということだろう。

スペイン人の名字には、町や村のような地方名が付く場合が少なくない。地名はまさにビルヒニオのいう「特徴」の最たるもので、やがて定着していったことになる。これがグレコの場合は「ギリシャ人」の意味であるから、国名や国籍がこれにあたり、日本を意味するハポンが苗字になったことに相当する。

地名の前には「○○出身の」という意味の de（デ）を付す場合が多く、例えば de Baena といえば、本来は「バエナ出身の」、de Toledo の場合は、「トレド県出身の」という意味である。Baena はラ・マンチャ地方に現存する町の名前、Toledo はかの有名な古都トレドである。

この場合、前者は本来はバエナを治めていた領主、後者はトレドの領主を意味するが、実際スペインの貴族には、領地の名前を苗字にしている場合がかなりある。

したがって、一般に地名の前にdeが付く人は、名門の出である場合が多く、なかには単に「〇〇で生まれ育った」という意味のまま、いつのまにか苗字になってしまったケースも少なくない。

これには、国家よりも何々県、何々村の名称にこだわるロカリスモ(localismo)、愛郷主義という特性をスペイン人がもっていることが関係している。

実際、スペイン人同士で、

「お前さんの村のワインなんぞ、馬のションベンみてえで、飲めたもんじゃねえ。そこへいくと、ワシらの村のワインときたら、国王でさえ一度飲んだら病みつきになったという逸品なんだ」

といった具合に、他愛もない口喧嘩に発展する場合がある。これは必ずしもワインを自慢しているわけでなく、自分の村を自慢しているにすぎない。生まれ故郷へのこだわりは、ときに排他的思考を超えて、一種のナルシズム的態度、極端な偏狭主義に陥らせてしまうのだ。

博学なビルヒニオの話はとまらない。

「たとえば、科学者としても知られた一三世紀のカスティーリャ王アルフォンソ十世の場合には、Alfonso X el sabio(エル・サビオ、賢王)と呼ばれていたんだよ。

なかにはかのイサベル女王の兄で、子種がなかったエンリケ四世のように、Henrique IV el impotente（エル・インポテンテ、無能王）のように、有り難くない名前を付けられてしまった者もいるけどね」

周囲から、「インポ王」と呼ばれたら、有難くないどころか、屈辱的なニック・ネームである。

このインポ王は、為政者としても無能だったうえに、奥さんのファナと一度も寝所をともにしたことがなかったのに、娘が生まれたことでも歴史上よく知られている国王である。国民は双方の意味を重ね合わせ、あざ笑っていたのだ。

これは生物学的な意味ではその反対の例になるが、私が若い頃、〝カブリーヨ〟というスペイン人の友人がいた。まわりのみんながそう呼んでいたから、当初はてっきり彼の名前だと思い込んでいたのだが、本当の名前はロベルトであることを知ったのは、しばらく後のことだった。

彼はいつも大勢の女友達に囲まれて、お盛んな男であるところからつけられたあだ名だったのだ。カブリョーヨとは、たくさんの牝を配下に置いて引き連れている、精力絶倫の牡山羊のことである。別の友人は、みんなから〝ボラーチョ〟と呼ばれていた。酒好きの面白い男で、こちらはあだ名も「酔っ払い」という意味である。

知らなかったとはいえ、私も彼に会うと「オラー、カブリーヨ！」と呼びかけていたから、随分と失礼なことをしてしまった。それでも彼は、嫌な顔はしていなかったから、男の勲章として、まんざらでもなかったのかもしれない。

この国では、「男らしい」「女にもてる」は、「ハンサム」よりも、はるかに評価が高い。架空の人物とはいえ、ドン・キホーテ、ドン・ファン、そして現代ならサッカーの超一流選手の名は、男性の理想像なのである。

いずれにせよ、スペイン中どこを探しても、ハポンという地名は存在しない。つまり、それは「日本」という意味以外にあり得ないことになる。

では、何ゆえ日本《ハポン》という苗字を名のったかということになるだろう。容易に推測できるのは、先祖が何らかのかたちで日本とかかわりをもった人物であった可能性である。

ソモス・ハポネセス！（私たちは日本人だ）

ビルヒニオが店を構えている自転車屋で雑談していると、いろいろな客がやってくる。客のなかにも日本《ハポン》姓の人がけっこういて、そのたびにビルヒニオが引き合わせてくれたので、その都度私は彼らを店の外に連れだして写真に収め、聞き取りをしていった。

なかには、お互いに第一姓が日本《ハポン》同士で結婚している場合もあった。彼らの子供たちの姓は、日本《ハポン》・日本《ハポン》である。このケースはその当時で一〇組いたが、いまは九組になっているそうだ。

日本姓《ハポン》の人々と向かい合うとき、どうしても私のほうに、日本に繋がる何かを読み取ろうとするベクトルが強く働いてしてしまうのかもしれないが、それでも彼らには一様に髪が黒く、顔の彫りが浅いという共通点が見られる。もっとも、アンダルシア地方は北アフリカから渡ってきたモーロ人の血を引いている人が多いので金髪は少ないが、不思議なことにモーロ系に共通した毛深い人が、日本姓《ハポン》の人のなかには見当たらないのだ。

コリアの町にいると、ある種の連帯感というか、親近感が湧いてくるのは確かである。私が行くとみんなが歓迎してくれるのも、そのためだろう。彼らと肩を組んで写真に納まるとき、たいてい誰かが、「ソモス・ハポネセス」（私たちはみんな日本人だ）と言いだすから、その都度みんなから歓声が上がる。

町役場があるセルバンテス通りは、半ブロック先に人々がよく集まる「バール・エル・レロホ（時計の意）」と、斜め向かいにビルヒニオの若い姪マリア・ホセフィーナ・カルバハル・ハポンがやっている床屋があるほかは、店らしい店もない、寂しい通りである。

バール・エル・レロホはセルバンテス通りと、船着き場から来るメネンデス・ヌニェスの小路が交差する角の、いたって便利な点もあるのだが、何ゆえか食事時以外にいつも客で賑わっている。客はほとんどが老人ばかりだ。一ユーロで生ビールかワイン、コーヒーなどを飲みながら、半日いても店のおやじと助手の若者は、いつも愛想がいい。

ここは老人たちの集会場になっていて、離散集合の起点でもある。テレビでサッカーの国際試合や闘牛を見るとき以外は、いつ来てもみんな自分たちの話に夢中になっている。なかには何故かお婆さんばかりのテーブルもあり、話はたいてい知人の噂話か、家族の話だ。

ここに来れば、知人の消息はたいていわかるから、言ってみれば、情報交換の場である。人を探しているときも、ここに来れば何かしらの糸口が見つかるという寸法だ。

常連客のマヌエル・ルイスやフリオ・スワレス、ホセ・マヌエル、ペペ・スワレスらは、いずれもハポン姓だが、彼らに私が会いたいときは、仲間の誰かが、「もうすぐ来るよ」「五分ばかり前に帰ったから、家の方角に行ってみるといい。途中で立ち話しているかもしれないから」と教えてくれる。

以前は町役場に勤務していたマヌエル・ルイスを探していたとき、大した用事でもないので携帯電話に電話するのがためらわれ、カウンターのなかの助手に尋ねると、

「さっきセビリアに行ったから、五時ごろにはここに寄るはずだよ」

という具合。とにかくこのバール・エル・レロホには、私も一日に、数回は立ち寄ることにしていた。

とても繁華街とはいえないが、コリアの町の商店街は町役場の裏から伸びている「五月一日通り」にある。ここには靴屋、洋品店、クリーニング屋、時計屋、魚屋、肉屋、ピッツァ

屋、文具店、中国人が経営する食料品店、その斜め向かいには、割合大きな「メルカドーナ」という名のスーパーもある。もちろんバールは各ブロックに一つはあるところが、いかにもスペインである。

通常スペイン人は、自他ともに認める食い道楽でもある。「豚はいつ食べたらいちばんおいしいか」「羊はいつ食べれば一番うまいか」を実によく知っている。子豚は生後一ヵ月の、未だ骨もやわらかい時期に竈で焼き上げたのがうまいのだ。

羊もコルデロと呼ばれるステージの、可愛い盛りに潰してしまう。子孫繁栄のために優秀な豚や羊だけが選び抜かれ、九割がたの牡や、牝でも優秀な子を産めそうもないものは、可愛い子供のうちに人間のおなかに収まってしまうという寸法である。

生ハムを造る場合も、黒いイベリア種の豚を夏になると粗食にさせ、秋にどんぐりが落ちる季節になると、樫の木の林に放し、たらふく食べさせる。こうして霜降りの入った極上の生ハムは、一年半も低温で熟成させて、ピーク時に食べるのがもっともうまいことを知っている。

川を遡上してくるウナギの稚魚も、マーケティング・サイズまで育てる思考はない。日本では「ソーメン」と呼ばれる六〜七センチのステージで、オリーブ油とニンニク、赤唐辛子で炒めて、美味しく召し上がってしまう。実際、よく冷えた白の辛口ワインのおつまみに、これほど美味なものはない。

だがコリアの肉屋やスーパーの肉売り場を覗いても、宙吊りにされた子豚の姿を見かけることはなく、マドリッドやセビリアに行けば天井から生ハムになった豚の太腿が、列をなしてドンと吊るされているのに、ここでは置いていない。

どのバールに入っても、食べる物はほとんどない。ただ、住民たちのコミュニケーションの場にすぎないのだ。一杯のカーニャ（小さなグラスの生ビール）やグラス一杯のワイン、コーヒーか紅茶で、何時間も仲間や店のおやじと、語らいを楽しんでいる。楽しいけれども、みんなつつましやかな生活を送っている人たちである。

本来、スペイン人は享楽を楽しむ精神を優先させ、宵越しの銭はもたない連中が多いのに、ここコリアでは、伝統的に奢侈をいさめてきたのかもしれない。日本の伝統思想、東洋文化の根本は、奢侈と対立するものだとされている。事実、日本は元来、窮乏のなかにあって、耐え難きを耐え、忍びがたきを忍んで繁栄してきた国。

コリアの住民は大都市に職を求めて移住することもしなかったことが示しているように、けっして貧しいわけではない。安定志向の強いコリアの人の生き様のなかに、日本人の奢侈を避ける気質や伝統志向を見出した心持ちになったのである。

痕跡①　一七世紀の洗礼台帳

町役場のマヌエルから紹介されたもう一人の郷土史研究家が、ビクトル・バレンシア・ハポンという青年だった。当時はまだセビリア大学の学生で、その後アンダルシア州政府農業省に勤務している。

そもそも「日本姓《ハポン》のルーツは、支倉使節のサムライたち」であると公表したのも、若い学生の彼だったのである。

「私の父親姓はバレンシアですが、母の父親が日本《ハポン》です。自分たちの先祖が日本のサムライであるという話を言い出したのは母の父親です。もっとも私の母も自分の親たちや親戚から、日本のサムライが私たちの先祖らしいと聞かされていたので、私が教会の過去帳を調べはじめたのです。

それで日本姓《ハポン》の記述に出会ったのですが、それを記事にしてコリア町役場の『アソテア』という雑誌に載せたのです」

いつの時代から日本姓《ハポン》が記録のうえに現れたかとなると、これにはいくつかの史料が残っている。それを私が初めて見たのは、このときだった。

コリアのスワレス町長と、町広報室長のマヌエル両氏から、町役場に近いサンタ・マリア・エストゥレーヤ教会に保存されている洗礼台帳に、一七世後半になると、日本姓《ハポン》が現れると教えられたからである。

いても立ってもいられず一人で教会を訪ねると、

「ビクトルと一緒に来たまえ」

と、不機嫌そうな神父から断られてしまった。

後で知ったのだが、この神父は飲んだくれで、法衣を着たまま、居酒屋でワインをぐいぐい煽っている御仁である。私が訪ねたときも、飲みに出かけるところだったのだ。スペイン人は、ワインやビールが好きでも、普通はそんな飲み方はしない。ゆっくりと時間をかけて、チビリチビリやるのが普通である。

早速私は紹介されたばかりのビクトルの力を借りることになった。

酔いどれ神父から断られたその日の午後、ビクトルが私を教会の資料室に案内してくれた。問題の洗礼台帳ナンバー・四（一六六五〜一六八七年）は、所々虫に食われていたが、次のようにハポン姓が記されていた。

《一六六七年十一月一日、コリア町において、私、当町の司祭フランシスコ・デ・オルテガは、ドン・マルティン・ハポンとその妻マグダレナ・デ・カストロの娘カタリーナにたいし、ファン・アルバレスを教父として洗礼を授けた。全ての町民が宗教上の血縁になったこ

とを通告するとともに、誓ってここに署名する》

カタリーナという名の、生まれて間もない女の子が洗礼を受けた記録だが、その父親が記録に出てくる最初の日本《ハポン》姓である。

一六六七年といえば、支倉らが帰国していった五〇年後のことになる。この地に残った日本のサムライたちは、まだ教会に出入りできなかったために、半世紀もたってから、子孫が洗礼を受けられるようになったのである。

したがってカタリーナは、残留した随員の孫か曾孫にあたり、彼女の父ドン・マルティン・ハポンは、随員の息子か孫ということになる。

さらに、カタリーナが洗礼を受けた六年後、別の夫婦の間に生まれた男の子の洗礼記録が、同じ台帳に記載されていた。

《一六七三年十月十一日、水曜日。コリア町で長く恩恵を授け、慈悲深きペドロ・カサノ・パロミノ司祭の許しを得て、アルフォンソ・ラサロ・ティノコ・イ・マヨルガは、アンドレ・ハポンとその妻レオニア・デ・ケベドの嫡子ミゲールに洗礼を授ける。当人ミゲールは先月九月二十九日に生誕。教父アルフォンソ・ティノコは町民すべてに、精神・宗教上の血

縁となったことを通告し、署名する》

しかし残念なことに、一六〇五年から一六六四年に至る台帳ナンバー・二と三が紛失してしまったのか、どうしても見当たらない。

洗礼台帳にこだわるビクトルは、

「この間に、残留した日本人にとって第一代目の子供たちが生まれている可能性があるだけに、なおさら残念です」

と言って表情を曇らせた。

だが、失われた洗礼台帳より以前の、一五五三年から一六〇四年に至る台帳ナンバー・ゼロとナンバー・一は現存していて、これには私も一度だけ目を通したが、日本姓《ハポン》は見当たらなかった。

このことについて、ビクトルがこう教えてくれた。

「私は何度も繰り返し見直したのですが、日本姓《ハポン》は一つも記載されていませんでした。ということは、ハセクラたちがスペインに来る以前には、日本姓《ハポン》はなかったことになります。見当たらない台帳の行方ですか？　一七五五年のポルトガル大地震の際、この辺りも大きな災害を受けているので、そのときに失われたのかもしれません。墓石に至っては壊滅的だったそうです。

その後、一九三六年から三年間つづいたスペイン内戦時は、この教会も大きな被害に遭っているので、そのときに散逸した可能性もあります」

じつは私は墓探しを以前にしたことがあるが、地元の人たちによると、異口同音に、古い墓石はまったく残っていないのだそうだ。

「残っていても風化が激しくて、判読できないのです」

と、スワレス町長が言っていたことがある。

洗礼台帳とは別に、コリア町役場には古い徴兵名簿が保管されていた。名簿の一六四七年の欄は、大分虫に喰われている箇所もあるが、

「Bartolome Japón de 36 años」（バルトロメ・ハポン、三六歳）

という記載は判読できた。だがこれでは、バルトロメ・ハポンは一六一一年か一二年の生まれになり、支倉たちが日本を発つ、一年か二年前のことになる。つまりこの徴兵名簿の記載によって、日本《ハポン》姓が支倉使節団を先祖とする説が否定されることになる。

ところが、隣にいたビルヒニオが自信ありげにこう反論した。

「徴兵記録の場合は、官位を上げてもらうために、自分の年齢を実際より大きく申告するのは、ごく当たり前のことだったんだよ。

実際、私の叔父だって、スペイン内戦時に兵役に就いたとき、歳を四つも水増しして申告したそうだ。それで叔父は、自分のすぐ上の姉よりも年長になってしまったけどね」と言って、肩をすくめた。俸給を多く受け取るために、サバを読んだというわけである。

このバルトロメ・ハポンが兵役に就いた時代のイスパニアは、すでに世界経済の重要舞台のオランダを失っていたが、ハプスブルク家を戴く王朝、カトリックの盟主として三〇年戦争（一六一八年～一六四八年）に介入した、まさに戦争の時代であった。

イスパニア国王が皇帝を兼ねる神聖ローマ帝国を舞台にした戦争、そしてポルトガルの独立戦争。この地に残ったサムライたちは、スペイン帝国の没落と歩調を合わせながら、戦乱に巻き込まれていったのであろうか。

異端者の礼拝堂エルミータ

コリアの町役場のすぐ裏手には、町役場の通りと並行に走る小道がある。道の両側の真っ白い家並みの間を真二つに分けながら、サン・ファン・バウティスタ（洗礼者ヨハネ）の丘に至る、文字通り一直線の道である。その丘の頂上には白い台座の上に十字架があり、すぐ隣にはこれも真っ白い「エルミータ」がある。

エルミータとは、教会のようにおおっぴらにカトリック教徒が出入りするところではなく、異端者がひっそりと祈りを捧げる小さな礼拝堂のことである。

この丘の上に案内してくれたビルヒニオが、おもむろに言った。

「ここに残った日本人たちは、このエルミータで朝晩の祈りを捧げていたのさ。丘の麓の、あそこに見える白いサンタ・マリア・デ・ラ・エストレヤ教会には、まだ入れなかったんだよ。教会に入れるようになったのは、三代目あたりからだね」

それを聞いて、洗礼台帳の謎がふと解けたような気が私にはした。思わず、

「あの教会の洗礼台帳に、ハポン姓が現れる時期とも符合していますね」

と応じていた。

ちなみにエストレヤ教会は、一三五六年の建立である。それ以前は、イスラム寺院だったものを、キリスト教徒の時代に入って、建て直された。一方、エルミータのほうは、一六世紀中頃に完成したそうだ。

キリスト教へ改宗することを条件に、国外追放や宗教裁判を逃れたコンベルソ（キリスト教に改宗した者）たちは、「新キリスト教徒」とも呼ばれ、当初はまだ大手を振って教会に出入りすることができず、異端者扱いされていた。スペインに残るために改宗してキリスト教徒になった、元イスラム教徒やユダヤ教徒たちは、この礼拝堂（エルミータ）でひっそりとお祈りをしていたという。

仙台藩を出た遣欧使節団の日本人たちは、往路のメヒコで大半が洗礼を受け、その後、

ローマやスペインで受洗していたことが史料に残されている。彼らもコンベルソ同様、異端者にすぎなかったのだ。

キリスト教徒とイスラム教徒の戦いレコンキスタ（国土回復戦争）は一四九二年に終わったが、それを境に異教徒の迫害や追放が始まった。したがって日本人たちにとっては、それから百数十年しかたっていないのだから、同じ人生の仲間として受け入れられるまでには、未だ歳月と苦闘があったのではないか。

電話帳からわかったこと

コリアでさまざまな聞き取りを進めながら、一つの疑問として浮上してきたことがあった。この国の大都市やほかの中小の都市には、本当に日本《ハポン》さんはいないのか、ということである。そこで私はマドリッドの国営電話会社を訪ね、全国の電話帳の中から日本《ハポン》姓を探すことにした。

スペイン全土の電話帳が揃っていたのはありがたかったが、第一姓である父方の苗字で引くようになっていて、残念ながら母方の第二姓はアルファベット順に整理されていなかった。

それでも第一姓だけで、各都市、町ごとに日本《ハポン》の電話番号を拾い上げていくと、意外なことにマドリッドに一軒、バルセロナにも一軒あるだけで、それ以外にはセビリアに五〇軒、残りはすべてコリア・デル・リオと隣のプエブラ・デル・リオに集中していた。父方が日本《ハポン》姓の場合に限っての話だが、その他の都市にはまったく見当たらなかったのである。

早速、電話して確かめたところ、マドリッドに住む中年とおぼしきアンドレス・ハポン・ミリル氏の場合には、三〇年前にセビリアからマドリッドに移り住んだが、もともとはコリア・デル・リオの出身であるという。

「先祖が日本人であると聞かされたことがありますか」

と私が尋ねると、

「亡くなった母が、一度だけそのようことを言っていましたが、それ以外には話題になったこともなかったし、私もとくに関心はもっていませんでした」

と、なんとも冷めた返事が返ってきた。

バルセロナの日本《ハポン》氏の返事も同じようなもので、結局コリアを離れて遠い都市に住みついた日本《ハポン》姓の人たちの場合には、他の日本《ハポン》姓の人との交流もないまま、自分たちのルーツへの関心が薄れていったようである。

セビリアの日本《ハポン》氏たちの場合も、ほとんどコリアから移り住んだ人たちで、残りの人たちの場合には、もう何代にもわたってセビリアに住んでいるので、それ以前のことはよくわからないという人たちだった。コリアからセビリアへは一二キロ、車なら一〇分もあれば着くことができる距離だ。つまり、日本《ハポン》を姓にしている人たちは、ほとんどがコリアを中心に数キロ以内に住んでいることになる。

たしかにコリア町役場のマヌエルが言うように、男はたいていがコリアに残るということが、まぎれもない事実であることは判明した。

ではいったいなぜなのか。自立できる安定した職以外にも、何かコリアに集中する理由があるはずである。この問題は後に、徐々にわかってくることになる。

気さくなビルヒニオの誘いで、近くのプールに出かけた折のことだった。家に帰りがけだった何人かの水着を着た日本《ハポン》姓の女性を紹介されたなかに、私の謎解きの旅のきっかけをつくってくれた、あのときの彼女がいたのは奇遇であった。名は間違いなく、マリア・ポロ・カルバハル・ハポン。

「ほらね、私が言った通りでしょ」

私を覚えていた彼女は、そう言いたげな表情をしたが、なるほどコリアは狭い世界。小さな町だから、一族の誰かと、通りや思いがけないところで出くわすのは、少しも珍しくない。

実際、この自転車屋の主人と通りを歩いていると、彼の姉妹、従兄弟、甥や姪たちに出会うことがしばしばあったが、いずれも日本《ハポン》さんばかりである。両親が同じ町の出身同士で、彼らはほとんどこの町から出て行かないから、必然的に、結婚に至る出会いの場所は限られていることになる。

プールに行った折も、ビルヒニオは彼女たちの後ろ姿を見やりながら、

「あのマリア・ポロ・カルバハル・ハポンは、わしの従兄妹の娘でね」

と、こともなげに言ったので、さすがにこの時ばかりは驚いてしまった。

「でも私が会ったときの彼女は、金髪だったのに、今日の彼女は栗毛色でしたね」

首をかしげながら口にする私の疑問を、ビルヒニオは笑いながら解説した。

「あのときは、祭りだから髪を染めていたのさ。日本姓《ハポン》の女の子に、金髪はいないんだよ」

なるほど、彼の言う通りだった。

その彼女とは毎年のように会ったが、後に仙台でも会うことになる。

現地に残ったサムライはいたか

果たしてコリア・デル・リオの日本姓《ハポン》の人々は、慶長遣欧使節の随員の末裔なのか。現地で目の当たりにした史料や郷土史研究家らの話から、このテーマにすっかり取り憑かれてしまった私は、個人的に調査をつづけることにした。どうしても解明したかった問題があった。それは、使節団のなかで日本に帰らずにコリアに残ったのは誰なのか、現地に残留した人物を、現代に残された史料から特定することだった。

まず伊達政宗が建造した五〇〇トンの黒船「サン・ファン・バウティスタ号」で、石巻の北方「月浦」を船出したのは、日本人一四〇人とスペイン人四〇人の合計一八〇人であった。

終着のアカプルコで全員下船し、日本人の半数ほどが陸路でメヒコ（メキシコ市）にやって来る。そのなかから、ソテロ神父ら日本を引き上げてきたスペイン人とイタリア人神父ら五人と、二六人の日本人のあわせて三一人。彼らが以後、伊達政宗から遣わされた遣欧使節として、キューバ経由で大西洋を渡ってスペインのコリア・デル・リオに上陸し、セビリア、マドリッド、バルセロナをへてローマに上っていくことになる。

そこで同行した人数を再確認してみると、大西洋を渡り、コリアを流れるグァダルキビル川の河口の町、サン・ルーカル・デ・バラメダに到着したときの史料がまず存在する。

彼らが地元のメディナ・シドニア公爵家に一週間滞在したときの記録が同家に遺されたが、このとき三一人が宿泊したことが判明している。

それからグァダルキビル川の岸辺の町コリアで一週間滞在したのち、一行は馬上と馬車に分かれてセビリアに入った。以後カテドラルの向かいのアルカーサル宮殿に二八人が一ヵ月間滞在していたことが、記録されていた。日本から同行してきたソテロとヘスース神父は地元の人なので、彼ら二人とあと誰か一人が、宮殿には宿泊しなかったとみられる。

その後一行は、コルドバをへてラ・マンチャの平原を馬で越え、トレド経由でマドリッド入りするが、この時点ではまだ支倉常長ら一部の人間しか、個人の名前が特定することができない。

それが可能になってくるのは、一行がローマに到着し、法王庁の式典である外国使節歓迎パレードに出てくる個人名である。

パレードの記録は、前にも触れたように、マドリッド滞在中の八ヵ月間と、ローマに来るまでの道中もずっと同行し、この式典にも参加していたローマの歴史学者シピオーネ・アマティが記したものである。したがって、個々の日本人の名前はもとより、動静もきわめて正確に描写されていることになる。

アマティによるパレードに関する記録のなかから、日本人に関する記述を拾いあげてみよう。

《日本の使節は、その後からやってきた。まず、羽織袴の正装に大小二本の刀を差した七人が一列縦隊で現われ、ローマの貴族二人が左右についていた。この七人の侍たちとは、シモン・佐藤内蔵丞、トメ・丹野久次、トマス・神尾弥治右衛門、ルカス・山口勘十郎、ジョアン・佐藤太郎左衛門、ジョアン・原田勘右衛門、ガブリエル・山崎勘助の面々である》

《その後からは、身分の高い侍が四人やってきた。トマス・瀧野嘉兵衛と、ペドロ・伊丹宗已、フランシスコ・野間半兵衛、パウロ・カミルロ・小寺外記である。》

《その後には、日本から一行に同行してきたグレゴリオ・マティアスが従っていたが、彼はヴェネチア出身なので、イタリア風の美服を着用していた。

次に茂兵衛、九蔵、藤九郎、助一郎の四人が槍や薙刀を捧げもって行進してくると、いよいよ白馬にまたがった支倉六右衛門常長がやってきた》

以上の記述から判明するのは、ローマでのパレードに参加した日本人は支倉常長以下一二人の侍に、身分の低い小姓ら四人の計一六人となる。

注目すべきはアマティのほかに、ノビスパニア（メキシコ）から一行に加わった、前出の日本人通訳フランシスコ・モンターニョという人物である。彼もパレードには参加していた。

ちなみにこの日本人モンターニョは、名前からして、山崎か山本か、とにかく「山」が付く苗字だったと思われる。一行と一緒に日本を発った人物ではなく、ルソンからメヒコに渡り、そこから一行の通訳として同行したと考えられる。

彼は支倉たちがマドリッドを離れてから二ヵ月半後の七月十五日に、死亡している。マドリッド郊外のサン・ペドロ教会の死亡者台帳に「フランシスコ・マルティネス・ハポン、貧困のため死亡す」とあり、餓死したようである。それまで通訳として、随員たちのために働いてきたモンターニョだが、使節の使命が終わりを告げたとき、その存在価値がなくなったのだろう。

餓死したということは、モンターニョのように言葉が流暢でも、外国人の場合には協力してくれる人間がいなければ、生きていく術はなかったのだろうか。

この教会とかかわりのあるマドリッドのサン・ペドロ・レアル教会を訪ねたおり、応対に出た神父に、私の疑問をぶつけてみた。

「当時は一日の糧にありつけない者には教会や修道院が慈善を施していたはずですから、餓死することはあり得なかったのではありませんか？」

するとしばらく思案顔だった神父は、

「当時、マドリッドの人口は三〇万人ぐらいですが、地方から流浪化した人たちが大勢流入していましたから、実際にはその二倍近くいたと思います。

ですから、教会や修道院ではまかないきれません。まあ物乞いすればなんとか生きられたでしょうが。結局、物乞いするにはプライドが許さなかったのでしょう」

サンティアゴ・デ・コンポステーラにつづく巡礼路の街や村なら、保護が得られるので生き長らえたのであろうが、マドリッドは、日本人モンターニョには、生きられる町ではなかったようだ。

仙台藩士でパレードに登場しているのは、支倉以外には佐藤内蔵丞と丹野久次の二人だけである。今泉令史、西九助、田中太郎右衛門、内藤半十郎ら四人の名はアマティの記録には出てこない。

記録洩れということもありうるかもしれないが、今泉たちがパレードに参加していないのは、洗礼を受けていなかったためとも考えられる。カトリックの総本山において法王庁が華麗な儀式をもって迎えるのは、外国の使節であっても、敬虔な信者でなければならないからだ。

そうすると、七人の侍姿の一団の後からやってくる「身分が高い侍四人」の一人に名を連ねる小寺外記は、この時期まだ受洗していなかったにもかかわらずなぜパレードに参加できたのだろうか。それはおそらく、パレードの後にボルゲーゼ枢機卿に教父になってもらい、盛大な洗礼の儀式を受けることになるので、それを条件に参加を認められたと考えることができよう。

さてここまでで判明するのは、メヒコからスペインへ渡った支倉以下二六人の日本人のうち、パレードに参加したのは先の一六人にモンターニョを加えた計一七人だったということである。

帰国者名簿には一二名

アマティの記録とは別に、仙台藩が記録していた『貞山公治家記録』のなかに、一二人の帰国者名簿がある。

記載されている順に名前をあげると、支倉を筆頭に今泉令史、松木忠作、西九助、田中太郎右衛門、内藤半十郎のほか、苗字は不明だが、九右衛門、内藏丞、主殿、吉内、久次、金蔵である。

このなかの松木忠作については、ヨーロッパに行かずに一行とメキシコで別れ、先に日本に帰って来ていたことが判明しているものの、「帰国者名簿」に一緒に名を列ねることになったのである。つまり、ヨーロッパ組として帰国したのは松木をのぞいた一一人ということになる。

ローマに上った二六人の日本人のうち、名前が特定できるのはパレードに参加した一七人と、不参加組の今泉、西、田中、内藤、さらに吉内、九次、金蔵を加えた二四名ということになる。

それでもまだ二人の名が特定できないが、ではこの二人はいったい何者なのか。彼らはキリスト教徒でもなく、仙台藩の人間でもないのにヨーロッパ行きのグループに入ったということは、仙台藩士に仕える下僕たちであった可能性が大である。それ以外に渡欧組に入れる理由が見当たらないからだ。しかも、当時の日本の身分制度をそのまま持ち込んでいる一行には、雑用係は不可欠だった。

先に触れたように一行がフランスのサン・トロペに寄港して地元貴族の館に二日間滞在した際、下僕たちがこまめに料理を運んだりする光景が館の未亡人の日記に描かれている。

さらに名前を特定していくうえで、重要な史料が京都大学に保存されている。支倉常長が帰途、ルソンのマニラから、息子の勘三郎宛てに送った書状がそれである。

そこには「御あしがる（足軽）三人しゅ（衆）はじめ、内之ものども、いづれもそくさい（息災）ニて参候、」とあり、この「足軽三人衆」は、文禄の役で、支倉とともに朝鮮半島で戦った吉内、九次、金蔵の三人のことのようである。

足軽は身分の低い武士であるから、仙台藩の帰国者名簿に記載された。だがこの三人はパレードに参加しておらず、帰路マニラまで支倉らに同行しているから、コリアに残った人間ではない。

重要なのは、先の支倉の私信の中に見える「内之ものども、いづれもそくさい（息災）ニて参候」という記述である。「内之ものども」という砕けた言い方からして、息子勘三郎とも面識のある、身内の者ということになるから、支倉家の下男に違いない。つまり、パレードに出なかった下僕は彼らのことであり、日本に帰ったことになる。

痕跡②　消去法から浮かぶ九名の未帰還者

では渡欧組二六人から、まず帰国者名簿に名前のある一一人と、今説明した支倉家の下男と考えられる二人をあわせて差し引くと一三人が残る。この一三人こそ、日本に帰らなかった可能性が出てくる人物である。

そうすると、この一三人に該当するものは瀧野嘉兵衛、小寺外記、野間半兵衛、神尾弥治右衛門、山口勘十郎、佐藤太郎左衛門、原田勘右衛門、山口勘助、伊丹宗己らのほか、身分の低い茂兵衛、九蔵、藤九郎、助一郎となる。

ここでいったん目を転じて、別の史料から類推してみたい。例えばスペイン側資料の「乗船記録」、つまりスペインを発って帰国していった日本人の人数に関する記録を見ると、第一陣が一三人、第二陣として支倉とソテロのほかに五人の日本人が帰国していったと記されている。渡欧組二六人からマドリッドで別れた日本人モンターニョをのぞいた二五人からこの乗船記録にある一九人を引いた六人が、スペインに残ったということになる。

ところがメキシコの大西洋側、ベラクルスの港サン・ファン・デ・ウルアに着いたときの記録では、第二陣はソテロのほか日本人は支倉ら六名で変わりないものの、第一陣で到着したのは一〇人とされており、スペイン側の乗船記録と三人分の誤差が生じる。もしメキシコ側の史料のほうが正しいのであれば、スペインに残ったのは結局、九人となる。

現在、スペイン側の研究者や郷土史家の多くが支持しているのはこの九人説であり、私もそれを支持している。

理由はこうだ。スペイン側乗船記録にある第一陣の一三人という数は、日本人と再び日本に向かうソテロ神父からセビリア市庁に提出された帰国予定者数の記載である。つまり、実際に船に乗り込んだ人数ではないのである。

しかも、その乗船予定者名簿が提出されてから彼らが実際に帰国の途に就くまでかなり日数があった。河口の町サン・ルーカル・デ・バラメダでも、スペイン人船長が病気のため長期滞在を余儀なくされているので、下船してしまった人間がいてもおかしくはない。あるいは、第一陣で帰って行くはずの者が、第二陣に回った可能性もある。

メキシコに着くまでの大西洋上で誰かが死亡した可能性もゼロとは言い切れないが、史料の評価という視点でも、スペインに残ったのは九人であるとする説がもっとも信頼できる数値ということになる。

だがこれらスペイン、メキシコの史料から浮かび上がるのはスペインから帰国していった日本人の数だけである。残る問題は、スペインに残った人物が一体誰だったのかという点だ。

帰国五年後の裁判記録に日本人の名前

さて、ここからはもう一度先の「日本に帰らなかった可能性のある一三人」から、消去法で個人名を絞っていくことにしたい。まずこの一三人のなかで、帰国しなかったことが判明しているのは瀧野嘉兵衛である。

日本人の第二陣が帰国していった五年後、瀧野とその雇用者との間に起きたトラブルの裁判記録がセビリアのインディアス歴史史料館に現存し、自らも支倉使節のサムライだったと証言しているからである。

先にも指摘したように、この瀧野は仙台藩士ではなかった。帰属社会名はわからないが山城の国（京）の武士で、支倉の護衛隊長を務めたほどだから、よほど腕の立つ男だったのだろう。しかもローマ市公民権証書を戴いた五人の日本人の一人であったことは、護衛隊長という重責に対する恩賞とみられる。

私が推測するに、モンターニョとともに瀧野は幕府から、支倉らを監視するために密かに送り込まれた人間ではなかっただろうか。一行が日本を発ちアカプルコに上陸して短期間滞在した折、現地人と刃傷沙汰を起こした侍がいたことは前にも触れた。これが、瀧野の存在が浮上してくる最初の記録である。

遺された先の裁判記録からすると、一行が日本に帰って行くときに瀧野嘉兵衛は行動をともにせず、セビリアから北へ一四〇キロ行った、サフラという町の貴族の屋敷の警備に就いていたようである。

そこは「小セビリア」とも呼ばれる美しい町である。私は瀧野の足跡を求めて、裁判記録だけを手がかりに現地を訪ねて当たってみたが、特定するにはいたらなかった。わかったのは、彼はコリアの日本人たちとは、接点がないということだけである。

もう一人、日本側の帰国者名簿に名前はないが、帰国したと考えられるのは小寺外記である。帰国者名簿にないということは仙台藩士でなかったことは明らかだ。仙台市在住の郷土史研究家たちによると、伊達に滅ぼされた小藩の侍だったとする説が有力である。

ということは、彼はローマで受洗はしたものの、仙台藩士ではないから帰国しても藩に迷惑がかかることもない、気軽な立場でいることができた。しかもこの小寺はヨーロッパでは支倉の片腕として書記をしていた男であり、瀧野同様にローマ市公民権証書を授かり支倉の信任が厚かったことから、日本まで行動をともにしたと考えるべきであろう。

だが、名前を絞り込めるのはここまでである。そうすると日本に帰国しなかった可能性が高い面々は、瀧野と小寺を除いた一一人となる。それは野間半兵衛、神尾弥治右衛門、山口勘十郎、佐藤太郎左衛門、原田勘右衛門、山口勘助、伊丹宗巳らのほか、身分の低い茂兵衛、九蔵、藤九郎、助一郎である。ちなみに伊丹は堺の交易商人、野間は尾張の人間で、もともとの身分は侍である。そしてこの一一人のなかに名字がない者が四人いることは、日本《ハポン》姓の由来と関わってくることになる。でもその話は後回しにしたい。

私の最終的な結論をいえば、「日本に帰らなかった可能性が高い」この一一人のうち、「コリア・デル・リオに残留した可能性が高い」のは八人であろうというものである。

それはスペインとメキシコの史料から導きだされる現地残留者九人のうち、瀧野を除いた八人がコリア・デル・リオに残ったと考えるのが自然だと思われるからである。ビルヒニオやビクトル同様に、私も「コリアに残った日本人は八人」説をとっているのは、以上のような経緯が根拠になっている。

スペインに残った理由に迫る

先の一一人の中の伊丹宗巳や野間半兵衛のような巡礼者は、かつて関西地方で布教活動の道を探っていたソテロ神父と個人的なつながりが強く、日本を出たときから、終生キリスト教国で生きることを決めていたとみられる。

しかも追い撃ちをかけるように、彼らが月浦を出帆して以来、徳川の時代に入った日本でキリスト教の禁止から教徒への迫害、処刑へとエスカレートしていったことにはすでに触れた。伊丹らにとって、日本はすでに生きていける国ではなくなっていた。

他の人間たちにとっても、日本から届く情報は衝撃的であっただろう。遠い母国の情勢変化が伝えられると、それは帰国の道が閉ざされたも同然だった。仙台藩士らにとっても事情は同じである。私は、彼らが現地に残留する選択をした理由の一つがそれだと考える。実際、先の一一人のなかの伊丹と野間を除いた者たちのほとんどがローマでパレードに出ている。それは彼らがキリスト教徒になっていたことを物語っている。

そもそも大使支倉常長を筆頭とする仙台藩士たちは、伊達政宗が外交交渉のために送り出した使節であり、部外者はソテロの進言による例外的な措置でヨーロッパまで来たにすぎなかったのだ。

イスパニアに残る道を選んだ彼らにとって、家族や祖国を棄てるのによほどの決心が必要だったはずである。だが、私にはその決心が単に宗教上の問題だけだったとは思えない。コリア・デル・リオと、そこから北に一二キロ行ったロレトの修道院に分散して帰国の日を二年数ヵ月待っていた間に、若い彼らがこの国の魅力に取りつかれても不思議ではないからである。

近くのセビリアは大航海時代、新大陸とつながる大都市だった。春が巡ってきたこの町は、アフリカで越冬した渡り鳥が舞い戻り、街も郊外の原野も一斉に花が咲き乱れる、この世の春を想わせる楽天地である。

ローマに上る途上の八ヵ月と帰途に一週間滞在した、首都マドリッドの風景とはよほど違っていたはずだ。冬の寒々として陰欝な空気が流れていたマドリッドの佇まいに比べ、セビリアはいつも光に満ち溢れ、人の顔も町並みにも歓びの輝きがあった。そして春たけなわの、セビリアを彩る花祭り。

社会的掟の厳しいカトリックの国では、マドリッドがそうだったように、若い娘の独り歩きなどは娼婦でしかあり得なかった。だがセビリアは、はるかに開放的だった。よほど「やんごとなき」名家のご令嬢の場合は別だが、若い娘たちも繁華街へ三々五々と集まってくる。そんな町中をさまよう、日本の若者たち。

陽が落ちて夜の帳が下りる頃になると、この町は別のパラダイスに様変わりした。どっと繰りだしてきた人々で露地があふれ、酒が振る舞われる。唄と踊りが始まると、いつしか誰もが享楽の坩堝の主人公になってしまう。若い彼らの心が激しく揺さぶられるのは無理もない。実際、セビリアだけでなく、広くアンダルシアの町には、人を惹きつけてやまない華やかな色彩があった。

当地に残った日本の若者が、表情豊かで情熱的なこの国の女性の虜になったとしても、私にはちっとも不思議ではない。セビリアは、情熱の女「カルメン」の街。もっとも「アルルの女」を作曲したフランスの作曲家、ジョルジュ・ビゼーが作品したオペラ「カルメン」の初演は、一八七五年のことだ。

カスティーリャの大貴族の御曹司でセビリアの色事師の威名をとるドン・ファン。彼を文学作品の主人公に登場させたのは、バロックの巨匠ティルソ・デ・モリーナだった。ちょうど支倉たちが滞在した時代が舞台である。これを一八世紀後半、オペラの舞台を颯爽と闊歩するドン・ジョヴァニ（ドン・ファン）の清朗なエロスの世界を音楽で表現したのがモーツァルトだった。セビリアは伝統的に、「恋」と「情熱」が似合う町である。

中年で、大命の責任があった支倉や使節の上級者は別にしても、未知の世界にロマンを感じて帰国をためらった若者が出たとしてもおかしくはない。ましてや、彼女たちとの間に子供ができていたとしたらどうだったであろうか。脳裏に浮かぶ生まれ育った遠い故郷・仙台の風景と、そこで帰りを待ちわびている肉親や友たち。でも目の前には愛する異国の女性《セニョリータ》と血を分けた子供。帰るべきか残るべきか、身を引きちぎられるような選択であったことだろう。

以前、私はある本に、「日本《ハポン》姓のルーツは彼らの恋物語にあり」と書いたことがある。その件で雑誌の記者から取材を受けた際に「太田さんならどうしますか?」と質問を受けた。私は即座にこう答えた。「もちろん、たとえ日本に妻子があっても帰りませんよ」。

この発言はそのまま記事になり、家族から大いにひんしゅくを買った。だがそれは、まったくの本音なのである。

「残置諜者」説

彼らが帰国をためらったであろうもう一つの障害は、再び大西洋、大西洋を渡るあの死の苦しみである。実際、時化ともなれば、山のような大波が行く手を阻み、一つ乗り越えるたびに地獄の底に吸い込まれそうになる。帆は唸り、ロープはきしみ、自然の驚異に翻弄《ほんろう》されたままである。当時は、三分の一の船が沈むといわれるほど、大海を渡るのは命懸けだったのである。

だがこれとは別に、コリア町長のスワレスが興味深い指摘を披露してくれた。この人は日本姓《ハポン》とは無関係の人だが、

「ハセクラが彼らに、コリアに残って情報収集をつづけよ、と命じたのではないかと思うが……」

と彼が言ったとき、私はハッとなった。

日本姓《ハポン》のルーツを研究していた郷土史研究家、ビルヒニオ・カルバハル・ハポンの遺稿集には、この「支倉の指示」説が第一に記述されている。つまり、残置諜者になるよう、支倉から命令があったのではないかというのだ。

支倉常長はいうまでもなく伊達政宗の忠臣であり、仙台藩士のなかでも、主君の胸の内を

知る唯一人の侍である。彼は、政宗がイスパニアと濃厚な関係を求めていることを最もよく知っていた。支倉がロレトの修道院で二年数ヵ月も滞在したのは、ひとえに国王からの色よい返書を待っていたからにほかならない。そして最後に帰国を決意したのは、国王の側近から「マニラで返書を受け取るように」という指示があったためだった。

つまり支倉はまだイスパニアとの関係樹立を諦めていなかったのであり、随員を全員引き揚げさせるわけにはいかなかったのだ。

支倉は、部下の戸惑いの表情から内心が読み取れた。もちろんこれは推測であるが、部下に現地人の恋人ができたり、キリスト教徒として帰国をためらっている者がいることは、手に取るようにわかったことだろう。

「だったらお前たちはこの地に残り、次の使節団がやってくるまで情報を集めておいてくれ」と、支倉から申し渡されていたのではないか……。ビルヒニオの遺稿集には、そんな推理が記されている。そう考えれば確かに、コリア・デル・リオに日本《ハポン》姓が集中した理由も、見えてくるような気がする。

今度は、残留する側の人間たちの側に立って考えてみよう。

一行を日本から先達してきたソテロ神父やイグナシオ・ヘスース神父の裕福な親族がこの地にいたことは、残留するうえで頼りになる存在だったに違いない。だが何といってもここは新大陸への玄関口、日本につながる連絡口だったのである。

彼らは、いずれ日本に帰れる日が来ると考えていたかもしれないし、事実、コリアは日本からの情報を待つには好都合な場所であった。大航海時代華やかなりし頃から、新大陸と繋がるスペイン側の窓口だったのである。本来の窓口は一二キロ上流のセビリアだったが、コリアは税関などがあったその前線基地だった。

新大陸メキシコの太平洋側の基地アカプルコが、ルソン（フィリピン）や日本との交易の基地であったことは注目に値するだろう。日本とスペインの交易はもうすぐ始まるだろうと、コリアに残留した日本人たちが考えていたとしてもおかしくはない。

遠くない将来にコリアでは日本からやって来る人間たちの出入りが始まり、祖国からの情報を得る窓口になるはずだ……。それが裏づけのない希望的観測に過ぎなかったとしても、日本とつながるかすかな一本の糸を、彼らは断ち切れなかったのではないか。

そのためにも残留した日本人がバラバラにならず、ある地域にまとまって住み着く必要があったのではないだろうか。コリア・デル・リオは、「望郷の町」だったのである。

一行が立ち寄ったセビリアのサンタクルス街を歩いたときも、同行した教え子の村松君とバールでビールのジョッキを重ねながら、そんな話になったことを思い出す。

「歴史って結局、過去と現在の対話なんだよね。だから遠い時代であっても、現代はすぐ隣にあるわけで」

と私が少ししんみりとした調子で切り出すと、村松君が聞いてきた。

「先生は今、使節のなかの誰と話してみたいですか?」

「もちろん筆頭は支倉常長。国王と何を交渉したのか、幕府と対峙するために政宗は本気で仙台藩とイスパニアの国交樹立を考えていたのかと聞いてみたい。それから、瀧野も含めると九人がこの国に残ることを支倉自ら勧めたのか、彼らの自主性に任せたのか……。それとも残置諜者として残れと命じたのか、その辺を是非聞いてみたいね」

「残置諜者に、さらに情報収集を継続させていますからと政宗に報告できますしね。そうなると、さすが探索の名手、支倉常長として評価もさらに上がったでしょうから」

「現在の日本《ハポン》さんたちは、残留を決意したご先祖さんと話してみたいだろうね。なぜ残ったのかをまず聞きたいはずだよ」

「僕が日本《ハポン》姓だったら、やっぱりそのことを聞いてみたいです。結婚相手はどんな女性だったのかも」

「四〇〇年前のロス・ガヨスで踊り子していた、インマクラダだったりして……」

村松君と私は、そんな彼らに思いを馳せながらバールを梯子して、夜遅くまで話し込んだ。その晩、黄金の塔の近くのバス停から最終バスに乗ってコリアに戻って行く私を、村松君は手を振って見送ってくれた。

近年になって多様化した日本《ハポン》さんたちの職業

コリアを訪れる度に、私は初対面の日本《ハポン》姓に会うと必ず職業から聞くことにしていた。リタイアした人には、「若いときは何をしていましたか」といった具合である。その結果、農業、漁業に従事している者が多く、次に商店経営者や教員、銀行員、医者、公務員ということがわかった。

私はその後もこうした聞き取り調査を続けてきたが、近年、かなりさま変わりをみせている。アンダルシア州自治政府の役人、近郊の市町村役場や団体職員、郵便局員、銀行員などの比率が大きくなってきたのである。

彼らの学歴を尋ねてみると、セビリア大学をはじめ、セビリア県内の大学を出た者が多く、教育を受ける機会が増大しているのは明らかだった。これは経済的にも、中産階級が多いことを示している。

しかしアンダルシア地方に顕著な大土所有を背景にした大富豪は、聞き取りした限りでは皆無であった。大富豪の場合は、東京ドームが五〇〇個も入るような、一千数百ヘクタール以上ものオリーブ畑や葡萄農園、牧場のオーナーが圧倒的に多い。彼らの場合、ほとんどが先祖から受け継いだ資産を継承している者たちである。

つまりハポン姓のなかに富豪がいないということは、先祖は身一つでこの地に住みついたためとも考えられる。それに、スケールの大きなビジネス・マインドをもつ人間がいなかったらしく、無難で地道な生き方をしてきたようだ。保守的なこの国では、よそ者の日本《ハポン》姓に大農園は入手しにくく、大きなビジネスの機会も与えられなかったのだろう。実際、ほかのスペイン人でも新参者が広大な農園や土地を手にすることは不可能に近いのだ。

コリアの日本《ハポン》たちは地道に漁業や小規模の農業で家計を立ててきたのだろう。農業でいえば、コリアはアンダルシアのアルハラーフェ地方でも有数の、湿潤で地味が肥えた農園地帯。生産性が高いことで知られているから、小土地所有農民でも、生活が十分成り立つことになる。

大半が乾燥地のアンダルシアでは、小土地所有者は食べていけない。大土地所有の富豪や教会領、修道院領に吸収され、小作人になる以外に道がないのが普通なのである。だがコリアでは、小土地所有者でも一本の小川の水を公平に分け合う、平等で調和をめざした社会を形成してきた。

そこではオリーブ畑のような大農法の疎放的農業と違い、稲作の場合に顕著にみられるように、単位収穫量が多く、それだけで生活が成り立つことを意味している。

コリアに残ったであろう日本人は、みんな軒を並べるようにして生活していたに違いない。これが伝統的に引き継がれてゆき、コリアに日本《ハポン》姓が集中する理由にもなったのではないか。もちろん宗教上異端者扱いされた者同士、弱者として固まって生きていく以外にすべがなかったという背景もあったのだろう。

サムライが苗字を捨てられたか

支倉一行のなかからスペインに残った人物を特定していく作業をしていたときから、どうしても引っかかっていたことがあった。それは、なぜ日本《ハポン》姓になったのかという問題である。先にビルヒニオが指摘した画家グレコの例のように、彼らが日本人だったからハポンというニックネームで呼ばれ、それが姓として定着したという説もわかる。それでもグレコのケースと異なるのは、当事者が複数である点である。

先に触れたように、コリアの住人となったと考えられるのは野間半兵衛、神尾弥治右衛門、山口勘十郎、佐藤太郎左衛門、原田勘右衛門、山口勘助、伊丹宗巳、そして名字を持たない茂兵衛、九蔵、藤九郎、助一郎ら一一人のなかの八人である。そうすると例えば、ヤマグチとかサトウという形で残留者の姓が残ってもおかしくないはずである。

ここからはまったくの私見であることをお断りしておく。まずコリアに残った日本人たちが、地元の町やセビリアで娘を見初めて所帯をもったとしよう。

この場合、侍なら問題ないが、名字を持たない町人、百姓、下僕の場合には、結婚当初は別としても、子供ができたときに問題が起きる。この国では、生まれた子供に父親の姓と母親の姓を付けるのは、その子供が嫡出子であることの証にほかならないからだ。敬虔なカトリック教徒として、厳格な社会習慣を身に付けているスペイン人にとって、子供が非嫡出子を意味する〝バスタルド〟(bastardo) と差別用語で呼ばれるのは、是が非でも避けなければならない。

注目したいのは、コリアに残ったと考えられる先の一一人のうち、侍以外の者が最大で四人存在する点である。

私がこのことをビルヒニオとビクトルに告げると、二人は顔を見合わせていたが、年長のビルヒニオが先に口を開いた。

「当時の日本では、身分の低い者には名字がなかったって？　それなら彼らの子孫には日本《ハポン》姓となる必然性があったことになるね」

と、大きくうなずいた。

傍らからビクトルも、同調するように言った。

「名字をもたない日本人の場合は、本来は嫡出子であるにもかかわらず、父親の姓が空欄では、法的婚姻をなした夫婦間に出生した子とはみなされなくなってしまいます。ご存知のようにスペインでは、名字が二つつきますからね。私の父親姓はバレンシア、母方の父親はハポンだから、私の正式名はビクトル・ルイス・バレンシア・ハポンなんです」

隣のビルヒニオが、

「このビクトルの父方の系統は、バレンシア出身だからね」

と付け加えると、ビクトルもうなずいた。

そこで、私は彼らに言った。

「茂兵衛や九蔵、藤九郎、助一郎のように名字を持たなかった者は、喜んで自分たちの祖国である日本《ハポン》を名乗るようになったと思います」

うなずいて聞いていたビルヒニオが同調する。

「彼らは軒を連ねるようにまとまって住んでいたはずなので、それでみんな日本《ハポン》になってしまったんだろう」

だが私は、自分で口にしたほどに納得していた訳ではなかった。

「コリアに残ったであろう八人には名字を持つサムライも含まれているはずです。日本のサムライはプライドが高いから、名字を捨てることに抵抗があったのではないでしょうか。『名を残す』『名を惜しむ』という言葉が日本語にはあります。この場合の『名』は、名字と名前がセットになっています。

先祖代々継いできた名字「氏」は家系の表示であり、その人のルーツそのものです。だから野間や神尾、山口、佐藤というような、先祖代々受け継いできた名字を、簡単に日本《ハポン》に変えることはできなかったのではないでしょうか」

二人は顔を見合わせることもなく、しばらく無言のままだった。そこで私はシピオーネ・アマティが書いた『伊達政宗遣使録』のなかの記述を引き合いに出すことにした。彼らは二人とも、イタリア語の原本を読んでいるからその中身は知っている。

「ローマをめざす一行が、バルセロナからスペインの軍艦に乗って、イタリアのチヴェタヴェッキアに向かう地中海の船旅の途中、フランスの港町サン・トロペに二泊しますよね。地元の有力者コスト未亡人の家に滞在している彼らのことを、訪ねてきたサン・トロペ侯爵夫人が綴った日記にこんな記述があるのです。

《支倉大使と一緒に食卓を囲むのはいつも聖職者たちだけであった。大使は食事をするときは刀を刀掛けに置いた。大使の背後には太刀持ちの小姓が刀を捧げもって控えていた。給仕係の小姓は一品ずつ、食べ終わるごとに別の皿を運んできた。大使らは自国から持参した清潔な二本の棒で、三本の指を使って食べていた》

これを読むと、身分の低い者が給仕をしていたことがわかります。ここに出てくる小姓とは、ローマのパレードで槍・薙刀を捧げもって支倉の前を行進する藤九郎、助一郎、茂兵衛、九蔵の四人と金蔵、九次らのことでしょう。

このように彼らがヨーロッパにあっても日本での身分やしきたりをきっちりと守っていたことから考えても、サムライたちにとっては固有の名字を捨てて日本《ハポン》姓になることは難しかったはずなのです」

しかし、それまで黙っていた若いビクトルが言った。

「あなたは日本人だから、日本人の古いしきたりや気持ちを理解しやすい、ということはわかります。でもここはスペインですよ。しかも彼らはみんなこの地で、スペイン人として生きることを決意した人たちです。身分だ、名字だという次元はもう超えていたのではないでしょうか」

するとビルヒニオが、とても説得力のある解釈を示してくれた。

「セニョール・オオタの言うように、サムライたちには抵抗はあったかもしれない。でもそれは、はじめの一代目だけさ。あるいは彼らの二代目、三代目あたりから、日本《ハポン》に統一されていったとは考えられないだろうか」

「なるほどねえ」

私はそう呟いて、納得したのだった。

たしかに日本人の父親の姓が仮にノマやヤマグチであっても、現地の人から「日本《ハポン》」と呼ばれているうちにそちらを名字として名乗るようになったとしてもおかしくはない。現代ではそのようなことはほとんどなくなってはいるが、グレコや支倉使節の随員のように、一六世紀から一七世紀の人間が出身地の村や町、国を姓にすることは、特段に奇異なことではなかったのである。

痕跡③　苗床から育てる稲作

そもそも私がスペインに来ていたのは、この国の農業経済史の研究フィールドとして、ここから西へ一〇数キロしか離れていないアルハラーフェ地方一帯を調査するためであった。当地で一一世紀に書かれた、イブン・アワムというイスラム系農学者の書いた『古農書』の記述内容と、現在の農業景観を比較していたのである。

そしてプエルタ・デル・リオを訪れてみて驚いたのが、まるで日本にいるかと錯覚するほど酷似する、水田の風景だったことは、本書プロローグで触れた通りである。

しかも住民たちから聞き取りしてみると、以前は苗床で育てた苗を手で何本かづつ植えていたという。私が訪ねたときは、すでに田植え機で植えていたが、それでも苗床に種をまき、じょうろで水を与えて一〇数センチになるまで育てる伝統は続いていた。

以前、パエリャで知られたバレンシア地方の水田を調べてみたことがあった。そこはイタリアの場合と同じで、だだっ広い水田にモミをばら撒いていく「ばら撒き法」とよばれるものだった。バレンシアはセビリアからは七〇〇キロも離れた地中海沿岸の町だから、かかわりがないのも当然だろう。

思い起こせば、この奇妙な事実を知った後も「これは単なる偶然だ。サムライの子孫という話はデマにきまっている」と、自分ではきめてかかっていた。

ところが日本に帰ってから土産話のついでに、今は亡き京都大学名誉教授の飯沼二郎先生に話して聞かせると、先生の顔にサッと赤みが差し、

「この問題はそのままにしておいてはいけません。これはその可能性大ですよ」

と、膝を乗り出された姿が私には忘れられない。

世界農業史の大家からそうハッパをかけられたこともあり、私はその年の夏にコリアを再訪した。以後毎年、春と夏に大学が休みに入るとかの地へと通うようになったのである。それからというもの、専門のフィールド・ワークはそっちのけで、スペイン各地やフランス、イタリア、さらにメキシコに残した日本人たちの足跡調査と、古文書館通いがはじまったのだった。

近年判明したことだが、コリアの隣のプエブラ・デル・リオは、水田開発も含めて、アンダルシア州自治政府農政課に勤務するビクトル・バレンシア・ハポンの見解では、まだ二〇〇年ほどの歴史しかないということであった。そうすると、稲作もコリアに残留したであろう日本人らによる水田開発がオリジナルで、のちに隣接したプエブラ・デル・リオにそれが伝搬していったとも考えられる。

こうした状況証拠をもとに、スペインに残った八人がどんなふうに生活を営んでいたのか、想像の翼を広げてみるのも悪くはない。

帰国しなかった八人は、支倉一行がロレトの修道院とコリアに別れて帰国まで過ごした二年数ヵ月の間に、コリアで生きるすべを見出していたのだろう。

イグナシオ・ヘスース神父は地元の人であり、ソテロの兄のドン・ディエゴ・カブレラはセビリア市参事会員の有力貴族の当主であるから、彼らも協力してくれたに違いない。

異国で自ら生きていくことは、当初は生易しいものではなかったはずである。スペイン人というと「陽気で、親しみやすい」という先入観が日本人にはあるが、実際はそうではない。

彼らは、自分たちの共同体の内部ではそのような特性をみせるが、外部者に対しては簡単には心を開こうとしない。閉ざされた世界があるのだ。現在でもこの国ではユダヤ人街やアラブ人街の名残を留めているように、当時の日本人たちもあくまで異端者であり、町中の教会にも入れない、新参者にすぎない。

では何を生業にしていたかとなると、言葉や習慣の違いから、俗にいうホワイト・カラーの職種には就けるはずがない。彼らができるのは、初歩的な技術と忍耐力があればできる農業や漁業ということになろう。

現在のコリア町を見ると、グァダルキビル川の岸辺の川下寄りで、町の南側は人家も少なく、隣のプエルタ・デル・リオにかけて畑や水田が広がっている。中心地の町役場からは一キロもない。

日本人が定着した当時は人口一二〇〇人ほど、現在の六パーセントに満たない規模だったというから、空間はそれだけ広く、農地は確保しやすかったと考えられる。彼らはここで稲作や桑畑を開墾していったとみられるが、コリア町の背後は、当時はソテロ家の領地であるから、まず土地を借り受け、次第に買い取っていったのではないだろうか。

一一世紀に、近郊のアルハラーフェに住んでいたイスラム系農学者のイブン・アワムが書いた『古農書』にも、桑や養蚕の記述が多く、実際、いまでも郊外を車で回ってみると、オリーブ畑のほかに、桑畑が点在している光景が確認できる。アルハラーフェ一帯もコリアも、湿潤で地味の肥えた農園地帯なのである。

コリア・デル・リオの漁業

もう一つは漁業だ。ここは母なる川グァダルキビルの岸辺の町である。支倉常長や部下が上陸した桟橋のあった辺りは、いまも昔のまま漁船の基地になり、船が帰ってくる早朝を過ぎると、たいてい一〇隻ほどが錨を下ろして休んでいる。

漁船の両舷には集魚灯をつけた受け棒が張り出し、小型ウインチが網の巻き上げ作業を引き受けている。二〇数年前には、小型エンジンの付いた、ほんの小さな川舟にすぎず、漁もすべて手作業だった。当時は漁を終えた中年の漁師が、ビールを片手に艫《とも》のあたりに据えたコンロの炭で魚を焼いている光景が見られたものである。

細いロープを渡して洗濯物が干してある小舟もあったから、生活の拠点にしている者もいたようだ。ミシシッピ川を下るトム・ソーヤーの冒険の話を想わせる光景である。

だが今は後継者も少ないことから、漁船はだいぶ近代化され、二人だけで操業できるようになった。感心したのは、限りのある川の漁業資源をしっかりと守っていることだった。漁に出るのは月、木、土の週三日だけで、一日の決められた収穫量に達すると、船は引き揚げてくる。

「どの辺りまで船は下って行くのですか?」

私の質問に、還暦は過ぎていると思しき赤ら顔の恰幅のいい漁師が、

「二〇キロまでだ。夜中の一時に出て、五時には帰ってくる。市場が始まる六時までに並べる作業があるからな」

と、強いアンダルシア訛りで応えた。

朝の魚市場は六時に始まるが、スペインでは夏でも六時はまだ暗い。晩秋や真冬の頃に魚市場に行ってみたが、八時頃になってやっと薄明るくなる。裸電球の下で、屋台に運び込まれた魚を漁師が地元の常連に売っている。たいていボラやコイ、大型のウグイ、ときにはウナギやナマズも並ぶ。

気になるのは食べ方だが、白身の魚はムニエルかバター焼き、蒸してスパイスの効いた

ソースをかける。ウナギはぶつ切りにして、すりつぶしたアーモンドとトマトをベースにしたスープで煮込む。アリペブレという料理で、バレンシア地方から伝わった料理法だそうだ。

魚市場で買物を終えたコリアのおかみさんたちが重いビニール袋を提げて、ガニ股で帰って行く姿は、まさしく「母よ、あなたは強かった」である。

〈今日はみんなにフリッター（天ぷら）と、鯉のスープ煮でも食べさせようか〉

彼女たちは家族の笑顔を思い浮かべながら、家路についているに違いない。スペインの女性はみんな働き者で、家族思いだ。

漁師たちが使っている網は、底刺し網だった。「刺す」とは、エラを網に引っかけることをいい、この網を魚の通路に張って、船はゆっくりと川を遡る。季節によって魚の種類は変わるから、網目のサイズも変えるという。それでも網目を通過してしまう小魚は、獲らずにすむから資源保護にもなる。

「昔も今も、ここでは底引き網は使わないんだ」

と古老の漁師が言っていた。

底引き網を曳くと、産卵場となる川底や稚魚まで根こそぎにしてしまうからである。こうして一本の川の恵みを、「持続性最大漁獲量」を守りながら、昔から共同管理してきたのだ。

この地に残った日本人たちも、きっと魚の通り道に網を仕掛けたりして、仲間入りしていったに違いない。米と魚。コリアは日本人が生きていくには、好条件が揃ったことになる。かつての身分は侍であっても、日本の山紫水明の地に育った彼らはもともと土と水に密着した生活を営んでいたのだから、この地に根を下ろすことは、さして難しいことではなかっただろう。

コリアで最近住民の職業が多様化してきている話に触れたが、昔ながらの漁業、農業に従事している人は、今も少なくない。

二〇数年前のある日、セビリア在住の言語学者アルバール氏の紹介で漁師のマヌエル・ハポン・ビスコチョに会った。その頃五八歳、みるからに働き者といった風体の彼は、

「私は漁師だから夜中に出かけていくけど、家族は六時に起きて、みんな働きだすのさ。昔からそうやってきたんだ。仲間のなかでも、こんなに早起きなのはめずらしいんだよ。働き者の日本人から受け継いできた、最良の資質だね」

と、屈託のない笑いを見せた。

日本では、六時の起床はごく普通の習慣だが、スペインと日本では時間の設定に約二時間半のずれがある。日の出が早い夏でも、南のアンダルシアでは、日の出は七時頃で、日が暮れるのは九時半頃である。つまり六時の起床は、日本で四時前に起きて働きだすに等しいのだ。

私が子供の頃、日本の農家では日の出とともに起きだし、日の暮れまで働くのはごく普通

のことだった。日本《ハポン》姓の先祖たちが日本の生活習慣を持ち込んだことが影響しているのだろうか。

この日本的な二宮金次郎型の勤勉・努力の精神は、元来スペイン人には欠けている特質である。ただし、家族の絆が強い彼らは、「孝行」に関しては日本人よりずっと優れている。親元から離れて住む子供たちも、週末には会いに来るし、毎日のように電話やメールをするそうだ。

スペイン男性の労働密度は低く、日本人の半分にも及ばない。極端に言えば働くのは一日の半分、それも午前中だけである。そのかわり、よく働くのは女性である。昼食が終われば、日陰に椅子を持ちだして近所のおかみさんたちと尽きない世間話に夢中になっていても、手のほうは休んではいない。せっせと家族のために、編み物をしたり、針を動かしている。

口数少ない働き者の日本人は、スペイン社会のなかで初めは異端視されていても、やがて高い評価を得たに違いない。律義で正直で、どんな貧しい佇まいや食事にも耐え、努力を惜しまない。そんな日本人の特質は第二次大戦からの復興、そして東北大震災からの復興に尽力する被災地の人々の姿を見れば一目瞭然で、まずスペインではお目にかかれない光景なのである。

いみじくも先のマヌエル・ハポン・ビスコチョが言っていたように、日本人は、素晴らしい資質をこの地に残したのかもしれない。

知り合った当時は働き盛りだったビスコチョも八〇歳になり、娘婿に漁業権を譲渡して現役を退いた。それでも、

「この川の魚のことは、誰よりも知っているんだ」

と言いながら、鋭い視線を川面に送っていた。

彼らの食事風景

この地に住みついたと考えられる日本人らは、どんな物を日常的に食していたのだろうか。それは残された史料などからある程度は再現できよう。

一行はスペインに上陸後、ソテロ神父が所属していた聖フランシスコ派の修道院にしばしば泊まっている。そのときは僧徒たちと同じものを食べていたと記録にあるから、驚くほど質素なものを食べていたことになる。しかも聖職者たちの食事は、一日に二度だけである。

当時のこの国の修道士や僧徒の食事とは、まず早朝の祈りが終わった後にパンと野菜のスープだけの簡単な朝食をとる。そして昼の祈りが終わるとそれに焼いた小鳩の肉かバカラオ（干ダラ）を水に戻して蒸したもの、あるいは豚の塩漬け肉（生ハム）のうちの一皿がついた。野菜スープにかわってレンズ豆のスープがつく場合もあるが、野菜や穀物はいずれも修

道院内で採れた食材である。そこに一人〇・五リットルのワインもつく。これはワインボトルでいえば三分の二ほどの量である。

だが金曜日だけは肉類がいっさいつかず、キリスト降誕祭や聖週間の前五三日間は昼食そのものがない。日が落ちてから質素な食事をするだけである。若い日本人が彼らの食事にあわせるのは、かなり苦痛だったのではないか。

大使支倉ら上位の侍たちはしばしば土地の名家から食事に招待され、ローマに上る途中も領主からよく歓待された。当時の上流階級の食事では、ローストの七面鳥、子牛の肉のパイ、鳩の雛や牡の子山羊、子豚などの丸焼きが饗され、必ず上等なワインがたっぷりとついた。ロレトの修道院や八ヵ月滞在したマドリッドの僧院内で修道士らとテーブルを囲む場合とは大違いである。領主や名家に宿泊したときは、下級のサムライや下僕たちを大いに喜ばせることになったことは想像に難くない。

ではコリアに定住してからの日常生活では、何を食べていたのだろうか。

一七世紀前半のスペイン庶民の食べ物を推測するには、同時代の著名な画家が描いた絵画や、文学作品に登場する食事風景から窺い知ることができる。

一六世紀から一七世紀にかけて活躍したロペ・デ・ベガの『納屋の中の村人』という作品のなかで、田舎にふらっと出かけた王様と村の接待係の百姓との間に次のようなやりとりがある。

「そろそろ空腹を覚えてきたが、何か食えるかな？」
「雛鳥を用意してございます。それに、娘が料理いたしました、豚のもも肉にチョリソ（著者注／辛みの入ったソーセージ）と野菜を煮込んだ鍋物もございます。食後には、季節のくだもの、当地のおいしいチーズとオリーブの漬物をお召し上がりいただきます」（『納屋の中の村人』より）

雛鳥はどのように調理したのか書かれていないが、恐らく炭火で焼かれたか油で揚げられたのだろう。

鶏は農家ならどこの家でも庭に飼われていて、すぐに用立てできる食材。鍋料理のほうはガルバンソ豆（ひよこ豆）が入ればコシードという煮込み料理になる。コシードはスペインの国民食ともいわれる代表的な食物だ。

チョリソは豚のもも肉や豚の血で固めた腸詰めのことで、どこの農家でも冬に豚を解体して保存しておく常備食である。そして「当地のおいしいチーズとオリーブの漬物云々」という台詞からは、「ほかの村のものより上等な……」という、スペイン人特有のロカリスモ（愛郷主義）が顔をのぞかせる。

文倉一行がスペインに滞在したのと同時代のセルバンテスの作品『ドン・キホーテ』に

も、主人公の日常生活の描写のなかに一週間のメニューが簡単に紹介されている。

「昼は羊肉よりも牛肉を余分に使った煮込み、たいがいの晩は昼の残り肉に玉ねぎを刻み込んだからしあえ、土曜日には塩豚の卵あえ、金曜日にはレンテーハ（薄い大豆のようなレンズ豆）、日曜日になると小鳩の一皿ぐらいは添えて、これで収入の四分の三が費えた」（会田由訳）。

ちなみに牛肉は、今と違って最も安価な肉であった。そしてここでいう「煮込み」は原文ではオヤ（olla）となっていて、「鍋料理」のことである。

スペインにはこのオヤにまつわる諺が沢山あり、これを見ていくと大体どんな料理か見当がつく。

「豚の脂身の入らぬ鍋は鍋にあらず」
「豚の脂身の入らぬ鍋は鳴りものの太鼓のない結婚式」
「豚の脂身のない鍋はワイン抜きの夕食」
「豚の脂身の入らぬ鍋は聖人抜きの説教」

一般には生ハムや豚の骨髄、太いソーセージをたっぷり入れて、ゆっくり煮込んだ料理である。もともと豚には捨てるところがないといわれるが、とくに豚足についている脂身も当時は欠かせない食材だったことがわかる。

中世以来、ワインに欠かすことのできない肴として食されてきたのはチーズと冬の保存食オリーブの漬物、そして生ハムである。なかでも生ハムは寒い時期に豚の太腿を塩をまぶし、二年間もかけて熟成させる伝統的保存食だ。農家では晩秋の新月の日に一族で豚を屠って解体し、生ハムとソーセージをつくった。この作業をマタンサといい、祝い事の年中行事だったのである。

先ほど修道士たちの食事に触れたところで、毎週金曜日とクリスマスや聖週間の前五三日間に肉類を食べなかったと記した。私がこの国にいた一九七〇年代はまだその習慣が残っており、金曜日や聖週間になると肉屋は閉まったままだった。その後しばらくして午前中だけ開くようになり、現在ではまったくそのような習慣はなくなっている。

そこで中世以来、この国の聖なる期間に肉のかわりに食べられるようになったのが魚である。

魚を生で食べる習慣がないこの国では、ムニエルにしたり煮込んだりする以外に、アンダルシアではフリッターと呼ばれる天婦羅の類が一般的だった。もちろんスペイン人は天汁ではなく、レモン汁をかけて食べる。具材に衣をつけて揚げるのは日本の天婦羅と同じである。

天婦羅は一六世紀後半から一七世紀初めにかけて南蛮のバテレンが伝えたもので、もともとの和食ではない。天婦羅とはスペイン語でティエンポ（tiempo）、ポルトガル語ではテンポラス（têmporas）といい、ともにラテン語のテンポラ（tempora）からきた。英語で「一時的な」という意味のテンポラリーなども同じ語源である。

したがって日本人たちは、朝はパンにスープ、メインの昼食は天婦羅か塩焼とご飯、夜はワインを飲みながらチーズ、生ハム、ソーセージ、豚の煮込み料理などを食していたのだろう。とくにコリアでは地元で獲れる新鮮な魚が豊富で、米も栽培されていた。日本人好みの食材が、日常生活に潤いを与えたと思われる。

痕跡④　日本姓《ハポン》の子孫に伝わった日本語

郷土史研究家のビルヒニオが言っていたことがある。

「わが家にはビョウブ、カタナ、ハシ、ワラジなんていう言葉が先祖代々伝わっていたんだよ」

同様の話はほかの日本姓《ハポン》の人たちからも聞いたことがあるから、とくに驚くことではなかった。だが、何ゆえかと考えてみれば、とても興味深い話である。

この地に根を下ろしたであろう第一代目の日本人たちは、身についた日本の生活様式を捨てきれなかったはずだ。少なくとも表向きには目立ったり、目に余るような異端の生活はできなかったと思われる。仲間同士で日本語で話したり米や魚を食すぐらいなら問題にならないが、日本から持参してきた日本刀のようなものは立派な武器であるから、所有できなかったはずである。

この国でキリスト教徒とイスラム教徒が戦いつづけたレコンキスタ（国土回復戦争）が終わったのは一四九二年。一代目の日本人が住み着いたと考えられる時期は、それから一二〇数年しか経っていない。異端審問所の監視がつづき、改宗したとはいえ、元イスラム教徒、元ユダヤ教徒たちの武器の所有は禁止されていた。反乱を恐れたからである。それは日本人とて例外ではなかっただろう。

カタナやビョウブ、ハシという日本語がなぜ伝わったのか、そのあたりは今後さらに研究が進められることに期待したい。刀も屏風も箸も、物として、また習慣としては残らなかった。恐らく先祖の話題が口述によって伝承されたものだと考えられるが、それ以上踏み込むことはここではしない。

現代の日本《ハポン》姓の人たちは、ビルヒニオたちのように何度も日本を訪れたり、写真や絵画などで日本の文化に触れる機会を得た。それは祖父や祖母などから聞かされた耳慣れない言葉について、「これがカタナだったのか」という具合に確認する機会を同時に得たことにもなったのだろう……と私は解釈している。

コリアに住みついたと考えられる日本人らは、みなスペイン人女性と夫婦になったであろう。それぞれの家庭にあってはスペイン語、仲間同士では日本語を使っていたはずである。侍も下僕たちも、支倉一行がかなりの程度までスペイン語を話せたことは史料などから伺える。まず、日本を出てからメキシコまで太平洋を渡るのに要した三ヵ月と大西洋上の四ヵ月の航海中、狭い船内で大勢のイスパニア人と共同生活していた事実がある。

そのうえメキシコに四ヵ月、往路のスペイン国内で滞在した一年、地中海の船旅の往復二ヵ月、スペインに戻ってからの二年以上を経ている。コリア・デル・リオに定住しはじめた時点で、すでにスペイン語世界に四年以上もいたことになる。耳で捉えやすく、発音もしやすいスペイン語がかなり話せても不思議ではない。

このことをある程度裏づけできる資料も存在している。これまでにも何度か紹介した、南仏サン・トロペでサン・トロペ侯爵夫人が記していた日記の記述である。

このとき、一行はスペイン語世界に身を置いてまだ二年ほどだった。だが、一行のなかの何人かの日本人が、この侯爵夫人と会話をしていたのである。

夫人はこう書き残している。

「二、三の者が少しフランス語を話し、プロヴァンス語に耳を傾け、お互いの意味も通じ合いました。私が訪問した際には、彼らは私が領主夫人と識って、大いに敬意を表しました」

ここに出てくるフランス語とは、現代フランス語とは異なる一七世紀初頭のアンシャン・フランセ（古仏語）のことである。現代フランス語よりもラテン語に近く、日本人のうちの誰かが話したスペイン語が、サン・トロペ侯爵夫人に通じたことになる。当時のフランス語は、スペイン語、イタリア語と同じラテン語から派生した兄弟言語だったのである。

ちなみに当時のスペイン語と現代スペイン語を比べると、uの代わりにvを使ったりする若干のスペルの違いを除けば大きな違いはなく、ソテロ神父直筆の書簡などを読んでも、違和感をもつことは少ない。セルバンテスが書いた『ドン・キホーテ』も、今日では使われていない言葉にときどき出会うことはあっても、基本的には今日のスペイン語とほとんど差はみられない。

保養地で知られたサン・トロペはニースやカンヌに近い南仏で、当時はプロヴァンス語を話していた。この侯爵夫人は一七世紀当時のフランス語のほかにも、プロヴァンス語で自分たちの仲間と話していたようだ。

先の日記に「日本人の何人かは、私たちのプロヴァンス語の会話に耳を傾けていた」とある記述が興味深い。いくらスペイン語がプロヴァンス語に似ているといっても、相手の言っていることを理解するためには、彼らのスペイン語がかなりのレベルに達していなければならないからである。

羽織袴を脱いだ支倉

日本特有の衣装について、コリアに伝わるものは残念ながらない。日本人が現地に残ったとすれば、彼らはどんな服装をしていたのか。気になるところではある。

スペインのセビリアやローマのパレードに登場したとき、大使の支倉以下、侍たちが羽織袴姿で帯刀していたことはすでに記した。下僕、小姓たちの場合も、一世一代の晴れ舞台であり、日本のPRという使節の性格からいっても、当時の日本人庶民の晴れ着姿だったようだ。

しかし往路、コリアに上陸してしばらく滞在した間に、「全員イスパニア風の服装を新調して身だしなみを整えた」と記録にある。羽織袴は公式行事のときだけしか、着用しなかったことがわかる。

一言でイスパニア風の服装といっても、時代や季節、身分、地方によって異なる。支倉一行とマドリッドで出会ってからローマまで行動を共にしたシピオーネ・アマティによる『伊達政宗遣使録』の表紙に描かれた支倉の服装が、まずは参考になる。

これを見ると、冬の服装のためかなり着ぶくれしてはいるが、首からのぞいた下着の衿は当時のイスパニア風の普段着である。その上に袖のない綿入れを着ている。スペインでは綿を入れるのはめずらしい。下は太めのズボンで、腰ひもがついているところを見ると和洋折衷の衣服を作らせたようだ。

足を見れば、足袋に草履をはいている。普段はイスパニア風の革のサンダルを履いていたと考えられる。

残暑の頃の九月にフランスに立ち寄ったときには、「支倉は上下が紫色のスペイン風の服を身に着けていた」ともある。前ボタンの制服風のものを着ていたようだ。

だがその後、支倉の部下たちがコリアに住み着いたとされる頃には身分の上下なく、現地の庶民と同じようなものを身に着けていたのではないか。

当時の庶民の服装については、彼らと同時代を生きたベラスケスの絵画が参考になる。セビリア出身のこの画家は宮廷のお抱え絵師で、宮廷内の肖像画を数多く残している。マドリッドのプラド美術館はじめ、ヨーロッパの名だたる美術館には、ベラスケスが庶民の生活風景を描いた作品も少なくない。タピストリーを織る工房内を描いた「織女たち」、「裁縫する婦人」、「バリェカスの少年」、「ウルカヌスの鍛冶場」、「酔っ払いたち」（以上、プラド美術館）、「セビリアの水売り」（ロンドン、ウエリントン美術館）、「食事をする二人の若者」（同美術館）、「卵を料理する老婆と少年」（スコットランド国立美術館）などである。

いずれも一六二〇年代から五〇年代の作品で、まさしく日本人一世が生きた時代である。同時代のスペインの歴史文献に登場する、農民や職人たちの挿絵にも近かったと思われる。

時代はそれからさらに一〇〇年以上後になるが、ゴヤが数えきれないほど描いた庶民の生活風景の作品に登場する姿とも、あまり大差はなかったようだ。

それらを参考にして日本人の服装を推定してみよう。日常生活では、乗馬や農作業もしやすいように日本の股引に近いスラックスをはき、上はだぼだぼの白シャツに茶色のベスト姿、ツバの広い帽子に黒革の編み上げ靴といったところか。冬にはぶ厚い茶系の上着を羽織り、外出時は法衣のような、長い黒か茶のマント姿だったと思われる。祭りや祝祭日には、襟にフレアーのついたシャツ、前ボタンのチョッキ姿であろう。

一方、彼らの細君や娘たちは長いスカートに白っぽいブラウスといういでたちが一般的なものだ。前で止めるショールを羽織り、髪はたいてい後ろに束ねて巻き、櫛やヘア・バンドで止め、外出時はスカーフで巻く。靴は男より長めの編み上げ靴姿である。

痕跡⑤　日本《ハポン》姓の子供に見られる蒙古斑

郷土史研究家ビルヒニオ・ハポンは、知り合ってから亡くなるまでの一八年間、私にとって貴重な情報提供者であり、コリア町やセビリア市の歴史研究者や要人を大勢紹介してくれた恩人である。

「わしの従兄にあたるプエブラ・デル・リオの町長フリオ・アルバレス・ハポンやアンダル

シア州自治政府の文部大臣ファン・マヌエル・スアレス・ハポンをはじめ、地元やセビリアで名士となっている人間もいるよ。日本姓《ハポン》には高学歴の者が多く、教育熱心な日本人の伝統がここでも生きていたんだよ。彼らには連絡しておくから、会っておいたらいい」。

ビルヒニオに連れられて早速訪ねてみると、彼らはいずれも風格のある人物だった。なかでもファン・マヌエル文相は、スペインの国旗とアンダルシア州の旗が大仰に掲げられている広い執務室で葉巻をくゆらせながら、

「今日われわれが世間の役に立っていられるのも、遠い日本から来た先祖のお陰です。勤勉で質素で、忍耐力があって、どんなに困難なときでも義務を果たすのが日本人の美質です。私はサムライたちが、素晴らしい血脈をコリアに遺してくれたことに感謝しているのですよ」

と、自信に溢れた言い方をした。

〈なるほど、支倉使節団の最大の「遺産」は血脈か……〉

コリア・デル・リオに住む人々のなかでも、とくに日本姓《ハポン》たちがほかの人たちとどこか違うことに、私も前から気がついてはいた。だがそれが何なのか、考えあぐねていたのだった。マヌエル文相から放たれた率直な発言に、その「違い」の正体に行き着いた気がしたのである。

日本の使節がローマに滞在していたとき、法王庁の高官たちは支倉常長とその随員たちを

〝きわめて有能で礼儀正しく、律義な人間たちである〟と絶賛していた。そんな日本人の文化的特質が、この地に生きる日本《ハポン》姓の人々に四〇〇年も脈々と受け継がれてきたのだとしたら、これほどの「遺産」はないだろう。

後は、その血脈を証明する科学的根拠があるかどうかである。そう思っていた矢先、ビルヒニオの紹介でコリア町長のフェルナンド・スアレス・ビヤールに町役場で会ったとき、意外な話を聞かされることになった。

私と町長とはその後も毎年夏にコリアで会い、九四年秋には日本の仙台にビルヒニオと一緒に来たこともある。スアレス町長の本業は小児科医である。その町長がこう言ったのである。

「日本《ハポン》姓の多くは赤ん坊の時代に、お尻に蒙古斑が出るのです。私は大勢の子供を診察して確認しています。知り合いの小児科医も、同じことを証言していますよ」

驚いた私は早速、このことをビルヒニオに確かめてみた。すると、彼も幼児のとき、蒙古斑があったのだという。特に彼の祖父は両親とも日本《ハポン》姓であったためか、一族みんなそうだったと話していたという。小児科医のスアレス町長によれば、「蒙古斑は通常のスペイン人には、絶対に現れない現象です」とのことだった。

慶長遣欧使節と日本《ハポン》姓の問題に、学術的にアプローチしている学者がいた。ファン・ヒルという、東洋史専門のセビリア大学教授である。『イダルゴ（郷士の意）とサムライ、一六・一七世紀のスペインと日本』の著書もあり、奥さんは同じセビリア大学の新大陸史の教授。おしどり研究者として、つとに知られている人である。

ヒル教授は、大日本史料には載っていない資料をいくつか発掘している。自著に引用している、支倉常長の護衛をしていた洗礼名ドン・トマス・フェリペ、スペインに残留した支倉使節団の一人だった瀧野嘉兵の資料もその一つである。

「コリア・デル・リオの日本《ハポン》姓の人たちは、どの程度の確率で支倉一行の子孫だと思いますか」

私が核心に触れる質問をすると、ヒル教授はこう答えた。

「正直に言って、はじめは私自身、疑ってかかっていました。今でも、まだ疑問が消えたわけではありません。でも、ほぼ間違いないでしょう」

状況証拠は数多く存在しているものの、もう一つ決定打がほしいというのが冷静な研究者の立場から出てくる本音なのである。それが昨今の、ＤＮＡ鑑定への動きに繫がっているようだ。

第4章

コリア・デル・リオ、二〇一二

遠い日本《ハポン》への想い

このあたりで、コリアの街に支倉常長一行の末裔伝説が湧いて以来、日本《ハポン》たちがどのように日本と交流するようになったかを概観してみたい。

もとを辿れば、日本《ハポン》姓をもつ多くの人が、先祖から「日本人の末裔」「サムライの子孫」と言い伝えられてきたことにはじまったことはすでに記した。

そのことが広く知られるきっかけをつくったのが、私がコリアのマヌエル広報室長から紹介された二人の郷土史家の一人、ビクトル・バレンシア・ハポンだった。当時セビリア大学の学生だった彼が、一九八八年からコリアの中心街にあるサンタ・マリア・エストレヤ教会で洗礼台帳の調査をはじめた。そして支倉使節の子供か孫に当たる年代のなかに日本《ハポン》姓が現れることを突き止め、その後もさらに何点かの洗礼記録を発見する。それらの事実が翌年夏、コリア町役場が発刊する雑誌『アソテア』に「ハポン姓特集号」として掲載されたのが、反響を呼ぶことになったのである。

コリアに近いオリバレスという村にいた私が、新聞とテレビ・ニュースでこの話を知ったのも、ちょうどこの時のことである。

驚いたのはスペイン側だけではない。当然在スペイン日本大使館や仙台市も重大な関心を示して、ビクトルと前出の郷土史研究家ビルヒニオ、町役場のマヌエル広報室長の三名が翌年仙台に招待されることになった。一九九一年十月には宮城県の国際交流事業「第二回みやぎ創造の翼」で青年友好訪問団がコリア・デル・リオを訪れている。これに呼応してこの年、コリア側で「西日支倉交流協会」が設立される。初代会長は、ビルヒニオが務めることになった。さらに翌九二年には、石巻市月浦に建立したものと同じ、佐藤忠良の手による支倉常長像を宮城県がコリア町に寄贈し、支倉一行の上陸地点に建てられた。

この九二年はコロンブスのアメリカ到達五〇〇周年の年で、バルセロナではオリンピック、セビリアで万国博覧会が開催されるなど文字通りのスペイン・イヤーであった。

「この間、コリアの日本《ハポン》姓たちはみんなセビリアに招かれて、日本の皇太子ともお会いしたんだよ。説明役はわしが務めたんだ」

ビルヒニオが、そのときの様子をうれしそうに話してくれたことを思い出す。

九三年五月には宮城県、石巻市が中心になり、先祖の偉業を後世に伝えるために、一六億円の巨費を投じて復元したサン・ファン・バウティスタ号を進水させた。その後のお披露目式で同船が曳航されて仙台湾を航行したときにはビルヒニオやマヌエル・ルイス・ハポン、そして若いハポン姓の女性たちが大勢招待されて乗船した。私も招かれて彼らと乗り込むことになり、支倉使節にまつわる話に花を咲かせた。

それから月日が流れて二〇一三年は、支倉一行が船出してちょうど四〇〇年である。コリアでは以前から、あのグァダルキビル川の岸辺に桜の木を植えようとする計画が持ち上がっていた。当時の坂本重太郎大使が音頭をとって進められていたのである。ところが、「スペインがEUに入ることになるから、計画が頓挫しているんですよ。日本から持ち込む桜の木に付着している土壌に問題ありというので、チューリップの国オランダが反対しているのです」

坂本大使はそう言って渋い顔をした。

だがその問題もようやく解決したらしく、二〇一三年には実現するらしい。いずれワシントンのポトマック河畔のように桜の名所となればよいのだが、西日支倉交流協会会長のファン・フランシスコ・ハポン・カルバハルも、「桜は古来日本のシンボル。私たちの先祖の慰めになるだけでなく、両国の懸け橋になりますから」と期待に胸を膨らませていた。

郷土史家ビルヒニオのこと

私が毎年のようにコリアを訪れる度に、数えきれないほど大勢の日本《ハポン》姓の人たちを紹介してくれた自転車屋で郷土史家のビルヒニオ。二〇〇五年七月中旬、彼が亡くなったという知らせを聞いたときは、まるで大切な家族を失ったような喪失感に襲われた。

ビルヒニオの日常の生活風景は、セルバンテスの小説『ドン・キホーテ』の主人公を彷彿とさせるものだった。ドン・キホーテは農作業を一人の若者に任せ、家事は家政婦に切り盛りさせたまま、自分は冒険小説ばかり読みふけっていた。やがて自身が憂いの騎士に変身し、諸国をめぐるという筋立てである。

自転車屋のビルヒニオもドン・キホーテと同じように独身のまま、家業はベネズエラから来ている働き者の若いエクトルと、家事は彼の奥さんに任せっぱなしだった。自分は支倉常長関係の歴史史料ばかり読みふけって一日をすごしているうちに、いつしか日本にまで足を運ぶようになっていた。気がついてみれば、仙台や石巻では知らない人はいないといわれるほど、日本《ハポン》の顔になっていたのである。

彼が仙台に招かれてきたときに、夜の歓迎式典を抜け出して私と繁華街の路地裏に繰り出したこともある。大きな赤提灯がぶら下がった居酒屋で、酒を酌み交わすうちに本音が出てくるようになり、彼はぼやいた。

「ハセクラの子孫との交流は楽しかった。でも、公式行事が多くてかなわないよ。その度にスピーチさせられるし……。いま見たいのは、日本のサムライや下男たちが汗を流した田園風景なんだ」

ビルヒニオは自身が日本《ハポン》姓の当事者であるから、先祖に繋がるものを手繰り寄せ、その匂いに接したいのだ。彼のその夢は後日、少しだけ実現した。一九九五年の春、再び訪れた仙台郊外の民家に泊めてもらう機会があり、日本の風呂に入ることもできたと、喜んでいた。

「日本の子供たちとも交流したいね。田舎の子供たちならなおいいけど、都会の子供でももちろんかまわない」

彼は根っからの子供好きだった。

後日、二〇〇五年の愛知万博に招かれたときは大勢の日本の子供たちに囲まれてご満悦だったと、同行した甥のファン・フランシスコが叔父の思い出話を私にしてくれた。

コリアのつづきを歩く

望郷のコリア・デル・リオを、もう少し覗いてみることにする。

町役場の近くにある小奇麗な床屋の店主、マリア・ホセフィーナはビルヒニオの姪である。若いときはかなりの美人だったし、叔父さん譲りの人懐こい娘であるから、差しあたって〝元コリア小町〟といったところか。

客がいないのを幸い、私は店のなかに招き入れられて、長話してしまうことがあった。近年、亡くなった叔父さんの思い出話がほとんどである。

「なにしろ叔父は、ハポン姓の研究と調査に没頭していたから、日本からだけでなく、ヨーロッパ在住の日本人が、話を聞きにきたりするんですよ。今は私の従兄弟のファン・フランシスコが、叔父の遺した資料などを引き継いで、日本人の対応もしているけど」

床屋の数軒隣にあった彼女の叔父ビルヒニオの自転車屋も、彼が亡くなった後は、それまで店を切り盛りしていたベネズエラ人のエクトルが引き受けていた。ところがその彼もつい最近、あっけなく亡くなってしまった。まだ四〇代の若さだったが、原因は心臓発作だったそうだ。そういえば、太りすぎていることが私には気になっていた。

床屋の店主の従兄弟ファン・フランシスコは私と二〇数年来の知り合いだ。中学校の英語の教師のかたわら、「西日支倉交流協会」の会長を務めている。

そのファン・フランシスコは、床屋のマリア・ホセフィーナの話に及んだとき、

「なかなか魅力的な女性じゃないですか」

という私に、

「若いときはそれなりにね。でも九六年にミス・スペインになったマリア・ホセ・スワレス・ハポンなんて、あんなものじゃないですよ」

マリア・ホセフィーナと彼は従兄妹同士だからか、厳しい点数をつける。

ミス・スペインのマリア・ホセ・スワレス・ハポンとは、ビルヒニオらと一緒に仙台に招かれた際に私も会っている。コリアでも再会したことがあるが、確かに美人である。だが彼女もそれを意識しているせいか、あまり親近感がもてなかった。華やかな舞台を歩いてきた彼女には、庶民感覚とコリアの土の匂いが乏しかった。

ファン・フランシスコが、真面目な顔つきで続けた。

「日本のサムライたちの奥さんも綺麗だっただろうから、美男・美女のカップルが多かったと思いますよ」

最近になってコリアを訪問した折り、日本への帰路につく私を車でセビリアまで見送りに来てくれた彼が車のなかでこんなことを言った。

「日本のテレビ局の求めに応じて、若い日本《ハポン》嬢集めに奔走しているところです。おそらくテレビのワイドショー番組でしょう。そういう興味本位だけで日本《ハポン》姓の人たちが見られるのは残念ですね」

なるほど、そうに違いない。支倉交流協会会長の彼としては、流れた四〇〇年の歳月の意味を再考するとか、もっと歴史の本質的な事柄に関心をもってもらいたいと言いたいのだ。

再訪・二〇一二

二〇一二年秋の日曜日、私はビクトルに誘われて彼の車で久しぶりに支倉一行が滞在したロレトの修道院を訪ねた。オリーブ畑が途切れると、その先の原野はもう枯れ果てて、冬の到来を待っていた。

ロレトに入る数キロ手前の小さな集落にあった赤レンガの倉庫の前で、ビクトルは車を止めた。

「修道院に行く前に、喉を潤しませんか」

われわれが入ったところは、大きな居酒屋だった。寂しい集落のはずなのに、すでに半分以上の席が埋まっていた。ここには表面に薄いカビの生えた豚の生ハムが太腿のままずらりと置かれ、地酒らしいワインも整然と並んでいる。

「以前は酒蔵だったのですが、持ち主が変わって居酒屋になりました。でも美味い物が飲み食いできるから、繁盛しているのです」

私たちは生ハムと漬物のオリーブを肴に、ワインをチビリチビリやりだした。

「このテーブル・ワインは、コリアあたりでもよく飲まれていますよ」

というビクトルの話に、私はすぐに反応した。

「コリアに残った日本人たちの誰かがあなたの先祖にあたるわけだ。ご先祖はいつもこういう地酒のワインを飲んでいたんでしょうかね」

「順応するのは早いはずですから、こんなワインをいつも飲んでいたと思いますね。ただしコリアには葡萄畑は少ないから、近隣の村でつくられたワインでしょう」

ビクトルはそう言ってから、ワインの銘柄を見つめて、

「これはボユーヨの産だから隣村のものです」

と言った。

私も普段は刺身と冷奴、塩辛を肴にビールで軽く喉を潤してから、日本酒で仕上げにしている。しかしこの国に来ると、たいてい生ハムかチーズ、イワシのオリーブ油漬けをつまみながら、ワインのグラスを傾けることが多い。

そんな話をすると、彼は、

「サムライたちもそうだったでしょう。生ハムのような肴はスペイン伝統の保存食ですからね。でもコリアでは川魚が獲れるから、塩焼も添えてね」

と言って笑った。

「そのあとはアツアツのご飯を食べて……」

と、私は付け加えた。

長崎二十六聖人の遺骨

ビクトルと私は修道院に入っていった。丸い眼鏡をかけた若くて小柄な愛想のいい神父が出てくると、

「彼はソテロの像にそっくりでしょう？」

とビクトルが囁いた。なるほど丸顔で目が大きく、頭が大きいところがよく似ている。

ロレトの修道院内の教会は一部が後に拡大されたが、祭壇の辺りは支倉たちがいた当時の

まま残されていた。ソテロも支倉も、そして何人かの部下も、朝夕この祭壇に向かって深い祈りを捧げていたのだ。

祭壇の右手には、金色に縁取られたガラス箱が置いてある。なかに収められた人骨が、はっきりと見えた。

神父がこう解説してくれた。

「ヒデヨシの命により、一五九六年（慶長元年）に長崎で殉教した二十六聖人の骨の一部で、ソテロ神父が持ち帰ったものです」

以前、ビルヒニオとこの修道院を訪ねたときの別の神父の話では支倉たちが去った後の一六三〇年代、ルソンからもたらされたもののことだったが、どちらが本当なのかはわからない。しかし、一緒に持ち帰られた長崎で作られた神具もあることから、長崎の二十六聖人の骨であることは間違いないようだ。

余談ながら、私がその神父に、

「以前いたあの神父さんはどうしていますか」

と尋ねると、

「昨年亡くなりました。まだ五〇代半ばでしたが……」

という答えが返ってきた。

修道士の寿命が短いとは聞いていた。とくに昔の修道士の平均寿命は三〇代だったという。家族も持たず、聖週間の前後合わせて五三日間も、夜にスープを少しだけすすり、真冬でも三時には起床してお勤めするようなストイックな生活を強いられているせいだろうか。支倉たちがいた居住区は、今はホテル形式になって一般に開放される予定だという。いつの日か支倉が寝起きした居室に泊まってみたいと思った。

誰か故郷を想わざる

私たちが帰路に着いたとき、車を運転しているビクトルがさり気なく口笛を吹きだした。聞いたことのあるメロディーだった。

花摘む野辺に陽は落ちて
みんなで肩を組みながら
唄をうたった帰り道
幼馴染のあの友この友
ああ　誰か故郷を想わざる

それは「誰か故郷を想わざる」。怪訝な顔をする私を見ると、彼は得意顔で唄い出した。

「花摘む野辺に陽は落ちて、みんなで肩を組みながら……♪」

あまりにもできすぎているというか、ハマリのよさがおかしかった。

三番まで歌い終えると、彼は急に真顔になって言った。

「セビリア大学の学生だったとき、私の日本語の先生だった中川礼二先生が教えてくれたのです」

後日、私がビクトルの家に食事に呼ばれたとき、その歌のことが話題になると、

「中川先生が帰国するときに日本歌謡曲全集をくれました」

と言って、たくさんのカセットテープを見せてくれた。傍らから、奥さんのエウヘニアが、

「ビクトルは一杯機嫌になると、いつも唄い出すんです」

と言って笑った。十八番《おはこ》はやはり「誰か故郷を想わざる」だそうだ。

日本《ハポン》姓のなかでも、「私はサムライの子孫」であることを誰よりも誇りにしているビクトルであるから、四〇〇年前の先祖に思いを馳せて唄っているらしい。

ビクトルの奥さんのエウヘニアもかなりの美人である。とくに彼女の潤んだ笑顔が彼を虜にしたのも無理はない。エウヘニアは四〇を過ぎているようだが、若いときはさぞかし……と思われた。

彼の先祖も、きっと麗しきセニョリータを見初めたのだろう。

「イシノマキは今、どうなっているの？」

今年も冬がそこまで近づいたある日の朝、そろそろ日本に帰ろうと支度を始めていた私は、いつものように老人たちの溜り場「バール・エル・レロホ」に足を運んだ。店内は相も変わらず立ち話の輪がいくつもできていて、にわかに友人を探し出すことができない。

やっと見つけた元町役場の広報室長のマヌエルは、いつもと変わらぬ調子である。

「こちらはフェルナンド・ハポン・アルバールさ。このご婦人はレオノール・グティエレス・ハポン。昔は美人だったんだよ。ボクら、道で会うたびに胸をときめかせたものさ。旦那は亡くなったけど、彼女はこの通り元気溌剌。今は息子夫婦と孫が二人。ほかにも孫が三人いるよ」

紹介された彼女は私を見るなり、

「以前ここで会っているわよ。何年か前だけど……」

「ええそうでした。相変わらずきれいですね」

私のほうも、本音とも社交辞令ともつかない美辞麗句を忘れない。たしかに七、八年前、彼女を表の通りに連れ出して、写真を撮らせてもらったことがあったのだ。

それを覚えていたこのご婦人は、

「今日はもう私の写真は撮らないようね」

と笑って言うと、横からマヌエルが、

「撮る気が失せたんだよ」

と茶々を入れた。

コリアの人たちは、朝な夕なにここにきて仲間と会い、互いが元気であることを確かめ合っている。ときには人生の負荷や、楽しかった日々に追憶の花を咲かせることもある。そんなとき、彼らの心の底のどこかに、互いに共通の先祖たちをもっているという意識があるらしい。

今回のコリア訪問で、真っ先に聞かれたのは、

「地震と津波の被害が大きかったセンダイ、イシノマキは今どうなっているの？」

であった。聞かれるたびに、

「日本人はみんな生真面目で勤勉だから、着々と復興していますよ」

と応えていた私は、つい口を滑らせた。

「それはそうと、スペインの経済不況、失業者の増大が気になりますね」

そう言ったとたん、マヌエルが大声で言った。

「経済不況や政治不在なんか、もう何百年もつづいたこの国の伝統、お家芸さ。うちの倅も失業中だけど、毎日楽しそうに遊びまわっているよ。そうやっているうちに、いいこともあ

るのさ。とくに日本《ハポン》姓の人間たちは悲観とは無縁なんだよ」

まわりの人たちもみんなうなずいている。負を正にかえてしまう彼らの気質には脱帽である。先祖は命がけで太平洋、大西洋の荒波を越えてきた……。そんな思いがあるからなのか、些細なことではめげたりしないのかもしれない。

先日ビクトルと最後に会ったときも、彼はこう言っていた。

「マサムネがハセクラたちを送り出す数年前にも、センダイには大きな地震と津波があったそうですね。大きなダメージから未来に気持ちを切りかえ、大海に乗り出してイスパニアをめざしたハセクラは、センダイの光だったのでしょう？」

私はこう応じていた。

「今もそうです。とくに今回の東日本大震災でもっとも多くの命が失われた宮城県の人々にとって、伊達政宗のリーダーシップと支倉常長の遣欧使節の勇敢さは郷土の〝希望の星〟なのです」

再び「ソモス・ハポネセス！」

彼らが〝日本《ハポン》〟を口にするとき、言葉や仕草の端々に自信とプライドが顔を出すことに私は気がついていた。

私がこの町に来るたびに、みんな一種独特の親しげな表情を見せる。それは日本人である私と共通の遺伝子をもっているると信じているせいだろう。

「また来年も来ますよ」

と、さりげなく別れを告げる私に、いつの間にか現れたビセンテ・ハポン・カルバハルが、

「もう帰るのかい？　今度こそは奥さんを連れて来なさいよ」

と言って手を差し伸べてきた。

そういえば、私は家内を連れてきたことが一度もなかったことに初めて気がついた。「何ゆえ一人で来たのか」という問いかけをこちらでよくされたが、彼らが不思議に思うのも無理はない。

このビセンテは、支倉西日交流協会会長をしているファン・フランシスコの弟である。コリア町の文化協会に勤務している彼も出勤前のひととき、雑談をするために「バール・エル・レロホ」に来たのだ。仲間の絆のなかにいる自分を確認しないと、どうも不安になるらしい。

その絆の「一本の糸」が共通の日本《ハポン》姓だ。この地に骨を埋めた日本人が四〇〇年後のこの光景を見たらどう思うだろうかと、私は考えてみた。表情を抑えた当時の日本人のことであるから、苦笑するか、くすぐったい心持ちでいるだろうか……。それでも、この地に残ったことを喜んでいるはずだ。

「では来年、またいつものようにきっと来ますから……」

と私が別れの言葉を告げると、四方八方から手が差し伸べられてきた。

そのとき背後からマヌエルの大きな声がした。


「ソモス・ハポネセス（somos japoneses）！」（私たちはみんな日本人だよ！）


ぐっと詰まった私は、振り返らずに表に出てしまった。

彼らの先祖は日本の激動期、命がけでこの国に渡ってきた。ヨーロッパの最高指導者たちの前に登場した彼らは、生まれながらにキリスト教徒であった地元の人たちとは、宗教的立場からして違っていた。キリスト教に改宗したとはいえ、しょせんは異端者でしかなく、人種差別にも苦しんだはずである。

日本人の優れた点は、勤勉で、他者を信じて、努力すれば道が開けると考えていることだった。だがイスパニアの人間たちは、他者を受け入れる度量に欠けていた。

したがってこの地に残った日本人は、宗教や法のような、人間の決めた原理原則を大事にすることに腐心した。地元の人間たちとズレが存在したままでは、いつまでたっても受け入れられないのだ。さらに鎖国の追い撃ちも重なった。

彼らは地元の女性と所帯をもち、同化してイスパニア人として生きていく道を選んだ。太平洋の荒波を超えたときも、この地で暮らそうと決めてからも、それは苦難の連続だったのだ。

彼らがこの大地に残した種子は立派に芽吹いていった。幾多の時代に揉まれながらも、この地に日本《ハポン》という太い幹のような血筋が遺産として残されたのである。そして今、その遺産を自らの誇りにしてやまない彼らがいる……。母なる大地、このコリア・デル・リオに。

私は、日本《ハポン》を背負った彼らの長い長い歴史物語のなかに、光と影のドラマを見たような気がした。それはまさに、「事実は小説より奇なり」である。

日本との絆

コリアを発つ前々日の午後、町役場に通じる道をぼんやり歩いていると、小柄な中年夫婦がにこにこしながら前からやってきた。郵便局を定年退職したばかりのホセ・マヌエル・ペニャ・スワレスと奥さんのマリア・ルイサだった。彼らとも二〇数年来の知り合いだ。

「これから毎日何をして暮らそうか、考えているのさ。息子のミゲール？　あれは二八になったけど、今失業中でね」

亭主のホセがそう言えば、今度は奥さんが、

「お嫁さん？　彼女はいるみたいだけど毎日がそれなりに楽しくて、結婚する気はさらさら

ないみたい。今どきの若者ね」

二人とも、大して気にしているふうでもない。

このマリア・ルイサも若かりし頃はかなりの美人だったのだろう、今こそ六〇近くになり立ち振る舞いは地味だが、物静かな表情の奥にあるしっとりとした魅力は衰えていない。

私はホセに言った。

「こんな美人とどこで知り合ったんだい？」

「通りで知り合ったのさ。私が一五で、彼女が一四のときだったよ。それから、ずっとこのまま人生を歩いてきたってわけさ」

傍らのマリアも彼の手をしっかり握りしめながらうなずいている。

彼らの家には、浮世絵の複製や日本人形などが居間に飾られていた。日本姓《ハポン》の人たちの家にはたいてい日本の民芸品が置かれている。日本に招かれた一族の誰かからもらった土産らしい。

それらをとても大切にしているところをみると、日本の匂いがする物へのこだわりがあるようだ。マリアも、日本のルーツを必至に手繰り寄せている一人だった。居間の傍らには二人の若い頃や結婚式の写真も飾られていた。それから四〇年後の、彼らの落ち着いた振る舞いを目の当たりにするとなんとも微笑ましくなった。

このホセ夫婦と通りでばったり再会した日の翌日も、また彼らと偶然出会うことになった。

「今、女房の先祖の墓掃除に行くところだ。よかったら一緒にどうだい？」

ホセの誘いに私は二つ返事でオーケーした。彼らの新しい市営墓地には行ったことがなかったし、彼女の先祖の墓をぜひとも見たかったのである。翌日の十一月一日は諸聖人の日(Dia de Todos Los Santos)で、先祖の墓参りをする祝祭日。さすがは先祖を大切にするカトリックの国である。


市営墓地は町から北に離れた松林の向こうにあった。墓は四角い筒状のコンクリートは人間が入れるサイズで、外側が漆喰で真っ白に塗ってある。これが四段重ねでずらりと並んでいる様は壮観だ。人間の永遠の住処にしては、不思議に死後の世界を感じさせない。それぞれの墓の正面には、十字架の下に姓名、亡くなった日付と年齢が刻まれ、両脇に造花が飾られている。

マリアは母方の墓の前に立つと、

「これが私の母です」

と言って墓碑を指差した。

『マリア・ルイサ・ロドリゲス・マルティン。一九七八年没。四九歳。夫も子供たちも、あなたのことを決して忘れない』

娘と同じ名の母親は、若くして亡くなっていた。

「母の代で、日本姓《ハポン》が消えたのです。その上の段を見てちょうだい。祖母の代には、しっかり日本姓《ハポン》がついているでしょ」

マリアの正式な名はマリア・ルイサ・サラス・ロドリゲスである。母方の祖母の名はマリア・ホセファ・ロサノ・ハポンで、たしかに日本姓《ハポン》が刻まれていた。

この日は天気が良かったせいか、夫婦で墓の掃除に来ている人たちが大勢いた。先祖の墓が隣り合わせたり、同じブロックにある人たちが笑顔で会話している様は、先祖たちのあの世の近所付き合いに、現世の人たちも加わっているように見えてしまう。みんないずれ、お隣さん同士になる人たちである。

ご婦人たちは口を動かしながらも墓石の雑巾がけに余念がない。亭主たちはと見ればときどきバケツの水を替えに行くだけで、あとは腕組みしたり、ポケットに両手を突っ込んだまま眺めている。

母親の墓石の掃除を終えたマリアは折り畳み式の梯子に乗り、今度はその上にある祖母の墓石の拭き掃除に移った。ホセはほかの亭主たちと同様、傍観者をきめ込んでいる。スペインの女性は働き者が揃っているが、男たちは墓掃除も怠けたままである。周囲の墓を見てまわるとやはり日本姓《ハポン》が多いことに気がついた。それ以上に興味深かったのは、亡くなった年齢が九八歳や九四歳など長寿が多かったことだった。

以前、私が勤務する大学で講師をしていたバレンシア出身のホセ・イグナシオ・ドメネクは生物学が専門で、こんな話をしてくれたことがある。

「スペインでは、子供の死亡率が高いから平均寿命はそれほど長くありません。でも成人に達したスペイン人の平均寿命は、日本人より長いのです。とくにアンダルシアの人は長生きです。なかでも地中海沿岸の成人が長生きなのは、冬でも気候が温暖な上に、オリーブとワインのおかげで循環器系の病気が少ないのです。ストレスをためない生き方も関係しているようですが」

これは沿岸に限らず、広くアンダルシア地方に共通し、コリアの住民も、この範疇に入るらしい。

墓は先祖代々、一族郎党が集まる永遠の住処。かつてマヌエル・アルバールという言語学者が、この市営墓地だけでなく、ほかの墓地と戸籍簿を参考にしながら日本《ハポン》姓の家系を調べていた。その彼によると、コリアの日本《ハポン》姓は五つの系統に分類できるのだという。つまり、コリアに根を下ろした日本人が五人であったことを示しているというのだ。

残念ながらアルバール氏はすでに亡くなり、論文も残していない。彼と親交のあったビクトルの解説によればこういうことである。

「アルバールは、最新の戸籍簿と墓碑、死亡による戸籍の抹消記録などから、日本《ハポン》姓の起源を探ろうとしていました。スペインでは両親の父方の系統の名字は消滅しないので、約八〇〇人いる日本《ハポン》姓を四代あたりまで遡る簡単な系図を作る作業を行ったのです。そうやって絞っていくと、五つの流れに集約できる。だからコリアに残ったのは五人だったというわけです。しかしこの手法で遡れるのは、せいぜい四代前まで。その結論については私とビルヒニオも加わり、アルバールと議論したことがありました。私とビルヒニオの指摘は、それ以前の五代前、六代前、あるいはもっと遡って数百年前に、後継者がいなくて日本《ハポン》姓が消滅したり、女子ばかりの家系では、その孫の代から日本《ハポン》姓が消えてしまうことになる点でした」

ちなみにコリアでは、戸籍は百数十年前までしか遡れないそうだ。日本では、壬申戸籍簿が編製されたのは明治五年（一八七二）であるから、家系図でもない限り、それ以前の戸籍については不明である。

ビクトルやビルヒニオ、そして私がコリアに残留した可能性のある随員の数を起点にしているのに対して、アルバール氏の場合は逆に現代から過去に遡りながらその起源を推定していこうとした。しかし双方いずれの場合も、空白の時空間という壁が立ちはだかってしまうのである。

祖母の代まで日本《ハポン》姓だったマリアによれば、自分のルーツとして数奇な運命を辿ってこの地に没した人がいたことに、あらためて感動を覚えるそうである。

「だってあの人たちが日本から来なかったら、今の私という人間は存在しないわけですから」

使節団の意味を問い直す

私たちは墓に別れを告げて、町に戻った。

一人になった私は、グァダルキビル川の船着き場と、サン・ファン・バウティスタの丘につづく小路をゆっくりと歩き出した。

そのとき、数日前にセビリア大学のファン・ヒル教授を再び自宅に訪ねたときのことを、ふと思い出した。挨拶もそこそこにこの老教授は早速、熱弁を振るいはじめた。

「一七世紀初期、海を渡ってヨーロッパに渡ってきた支倉常長たちの足跡を洗い直すだけの作業は、すでに多くの研究者や作家たちが試みてきました。しかし、この時代の一大キリスト教王国イスパニアの文化の深層をいま一度検証して、そこへ地球の裏側からやってきたことはどんな意味をもつのか。それを今、我々が問い直さなければならないと思うのです」

そこで私が、

「その時代のスペインに放りこまれた日本の侍たちが、どんな運命に引きずられていくのかを限られた史実で追いかける意味もそこにあると思います」

と、私がコリア通いをしてきた理由をあらためて説明すると、ファン・ヒル教授はうなずきながら言った。
「一六〇〇年の関ヶ原の戦いの後、日本を離れてシャムに渡った日本人は約八〇〇人、ルソンのマニラには三〇〇〇人ほどが渡っています。その後、鎖国で帰国の道が閉ざされました。でもシャムやルソンに渡った彼らは反徳川の武士が多かったので、幕府にとっても都合がよかったのです。現地に残った彼らは日本人町を形成したものの、二一世紀の今、何の足跡も残していません。跡形もなく消えてしまったのです。その点が、しっかりとしたサムライたちの存在の足跡が今につながっているコリアと違うところです」

日本に帰る前日の夕方、この地に残った先祖たちに別れを言うつもりで私はまたグァダルキビル川の船着き場にやって来た。

背後にあるカルロス・デ・メサという小さな公園には、佐藤忠良作の支倉常長像が立っている。羽織袴の正装で腰に二本の刀を差し、伊達政宗の書状を手にして遥か彼方の祖国を思いやっているかの如く、川下のほうをじっと見つめている。この地に残った人間たちも、朝な夕なに船着き場に来て、祖国に思いを馳せていたに違いない。

そんな彼らの姿を思い浮かべつつ桟橋に別れを告げると、教会の斜め前から真っ直ぐに伸びるサン・ファン・バウティスタの丘に向かった。

丘の頂上からは四方が見渡せる。登ってきた階段の左手前方には先ほどの船着き場が垣間見える。私は深呼吸してから、頂上にある白い十字架とエルミータ（異端者のキリスト教礼拝堂）をあらためて見つめ直した。

村の水車の音。馴染の村人たちの屈託のない笑顔。それ以上に、国に残してきた肉親のこと。

優しい母の夢を見たのも一度や二度ではなかったに違いない。幼い日に背負われたときの温もりか、老いた母の寂しげな微笑みか。

「みんな達者で暮らせよ……」

支倉六右衛門常長の、別れ際の慈愛に満ちた表情。忠義一徹こそ武家社会に生きる者の務めとして、祖国に帰って行く支倉以下の面々に対するうらやましさ。しかし異国の地ではぐくんだ新しい家族への愛情、そして祖国ではもはやかなわない神《デウス》への信仰……。

それでも四〇〇年後の今、自分たちの子孫がこうしてしっかりと地に着いた生活を営み、先祖を慈しむ姿を喜んでいるに違いない。

祭りがそうであるように、支倉使節には華があり、その後の寂しさが残った。ヨーロッパ近世の夜明けの舞台に登場した彼らの行動は、まるで春の淡雪か、うたかたと消えていく夢芝居のようだ。

そんな男たちと彼らの家族に愛おしさを覚えながら、私はコリアの中心街につづく長い階段を、ゆっくりと下っていった。

完

〔著者略歴〕

太田尚樹（おおた・なおき）

1941年東京生まれ。作家、東海大学名誉教授（スペイン文明史、比較文明論）。

主な著書

『サフランの花香る大地ラ・マンチャ』、『アンダルシア パラドールの旅』（以上中公文庫）などのスペインに関する著書の他、慶長使節に関する『ヨーロッパに消えたサムライたち』（ちくま文庫）、昭和史をテーマにした『満州裏史　甘粕正彦と岸信介が背負ったもの』、『天皇と特攻隊』（以上講談社）、『伝説の日中文化サロン 上海・内山書店』（平凡社新書）、『駐日米国大使ジョセフ・グルーの昭和史』（PHP研究所）など多数。

支倉常長《はせくらつねなが》遣欧《けんおう》使節《しせつ》　もうひとつの遺産《いさん》

――その旅路と日本姓スペイン人たち――

2013年8月1日　第1版第1刷印刷　2013年8月10日　第1版第1刷発行

著　者　太田尚樹

発行者　野澤伸平

発行所　株式会社 山川出版社

〒101-0047　東京都千代田区内神田1-13-13

電話　03(3293)8131(営業)　03(3293)1802(編集)

http://www.yamakawa.co.jp/

振替　00120-9-43993

企画・編集　山川図書出版株式会社

印刷所　半七写真印刷工業株式会社

製本所　株式会社 ブロケード

装　幀　有限会社 グラフ

 ISBN978-4-634-15042-3 C0020